High thoughts must have high language.
고결한 생각은 고상한 언어로 표현해 줘야 한다.
– 아리스토텔레스

박현창 지음

A1 초등3년 이상

에듀인사이트

한자 어휘 바탕 다지기 A1

초판 1쇄 발행 2018.07.27. | 초판 2쇄 발행 2020.03.23.
지은이 박현창 | 펴낸이 한기성 | 펴낸곳 에듀인사이트(인사이트)
기획·편집 신승준, 장원정 | 표지 디자인 오필민 | 본문 디자인 문선희 | 일러스트 이동현 | 인쇄·제본 서정바인텍
베타테스터 권보경(초4), 권보민(초3), 권민재(7세), 김승민(초5), 방도현(초2), 설진헌(초5), 신주환(초4), 윤이준(초3), 이민아(초2), 이연주(초4), 이은채(초5), 이재용(초2), 임민재(초4), 정수인(초4), 조원규(초6), 진현호(초3), 최상호(초4), 최서초(초2), 추승우(초5), 허영재(초3), 황준상(초3)
등록번호 제2002-000049호 | 등록일자 2002년 2월 19일 | 주소 서울시 마포구 연남로 5길 19-5
전화 02-322-5143 | 팩스 02-3143-5579 | 홈페이지 http://edu.insightbook.co.kr
페이스북 http://www.facebook.com/eduinsightbook | 이메일 edu@insightbook.co.kr
ISBN 978-89-6626-720-0 64710
SET 978-89-6626-719-4

책값은 뒤표지에 있습니다. 잘못 만들어진 책은 바꾸어 드립니다.
정오표는 http://edu.insightbook.co.kr/library에서 확인하실 수 있습니다.

이 책의 사진은 국립중앙박물관, 문화재청, 서울역사박물관, 연합뉴스, 클립아트코리아에서 제공받았습니다.

국어 어휘를 향상시키기 위한 한자어·한자 공부를 제안합니다

3대 취업 자격증 시험 가운데 응시생은 대부분 초등학생인 것이 있습니다. 바로 한자 급수시험(한자사용능력검정)입니다. 이 시험이 자리 잡게 된 배경에는 **'국어 어휘의 75%가 한자어이다. 한자어는 한자로 이루어져 있다. 따라서 한자를 모르면 국어를 못한다. 공부도 못한다.'** 는 다분히 상업적인 논리가 학부모에게 받아들여지기 때문입니다.

국어의 많은 어휘가 한자어인 것은 맞습니다. 한자어가 한자로 이루어진 것 또한 사실입니다. 그렇다고 다짜고짜 '한자부터 익히고 볼 일이다.' 하는 것은 초등학생에게는 매우 불합리한 방법입니다. 초등학생들이 한자어를 모르는 것은 한자를 몰라서가 아니라 국어 어휘를 모르는 것이고, 국어 어휘 교육의 기회와 방법이 부족하기 때문일 것입니다.

아이들에게 '人 사람 [인], 工 장인 [공], 夫 지아비 [부]' 라 쓰고 달달 외게 한다고 곧장 '인공 (人工), 인부(人夫)'와 같은 한자어를 연상하기는 어렵습니다. 기존의 한자 교육은 한자를 아는 것이 한자어를 이해하는데 의미 있고 효율적인 것이라 강조하면서도 방법은 구태를 벗어나지 못하고 있습니다.

물론 한자를 배우지 말자는 것은 아닙니다. 국어 어휘력을 늘리는데 한자를 익혀두면 효과적입니다. 다만 한자 교육의 취지를 제대로 인식하고, 초등학생들에게 알맞은 방법이 무엇인지 돌아보자는 것입니다.

초등학생들에게 어떻게 한자어와 한자를 가르치는 것이 효과적일까요? **결론부터 말하면 한자 학습은 한자어 학습을 위한 것이고 국어 어휘력, 나아가 국어 사용 기능을 신장하기 위한 것이 되어야 합니다.** 그래야 비로소 어휘 학습의 질적 개선이 이루어질 수 있습니다.

더 나아가 한자어가 한자로 이루어진다는 사실에만 주목할 것이 아니라 **한국화 된 한자의 특성, 독특한 우리만의 한자 사용법**이 있음을 자각해야 합니다. 중국인에게 '春(춘)'의 뜻이 무엇이냐 물으면, '春夏秋冬(춘하추동)의 춘'이라 말합니다. 그 글자가 쓰인 쉬운 낱말을 들어 설명합니다. 우리처럼 '봄 춘'이라 하여 음과 훈(뜻)을 말하지 않습니다. 바로 이런 게 한국화 되었다는 것입니다. 이것을 한글문화연대 이건범 대표의 표현을 빌리면 **'우리 말소리 가운데는 뜻을 압축하고 번역한 것'** 이 한자이고, 한자의 조합이 한자어라는 것입니다. **예컨대 '국수' 나 '밀가루' 라는 뜻을 압축하고 번역한 것이 '면' 이라는 것입니다.** 이 독특한 한자 활용법을 익히는 데 집중하는 것이 한자 어휘를 잘 알게 되는 비결입니다.

아이에게 적합한 한자 학습 방법은 기존의 방법을 거꾸로 하는 것입니다. 오래 전부터 스스로 깨닫지 못했을 뿐이지 부모님 스스로가 해왔던 방법입니다. 즉 **'라면, 냉면, 짜장면' 의 공통점을 더듬어 보게 해야 합니다. 그런 다음 국수 종류에는 모두 '면' 자가 있음을 발견하게 해야 합니다.** 아이들은 '면'자가 있는 낱말은 으레 국수 같은 것이겠구나 짐작하겠죠. '가면, 복면, 겉면'처럼 혹은 '먹으면 좋겠다!'처럼 '면'자가 있다고 해서 다 국수가 아님을 깨닫는 시행착오도 겪게 해야 합니다. 그 구분을 위해서 '라면, 냉면, 짜장면'의 면은 '국수 **면(麵)**'이고 '얼굴 **면(面)**'과는 다른 한자로 표기한다는 것을 가르쳐야 합니다. 그렇게 낱말들을 지지고 볶으면서 어떤 소리가 어떤 뜻과 짝짓는지 확인하고 잘 갈무리하여 나만의 어휘 그물을 만들어야 합니다. 저는 이렇게 하는 것이 한자어를 제대로 익히는 지름길이라 믿습니다.

『한자 어휘 바탕 다지기』는 초등학생들의 한자어 사용 능력을 제대로 기르기 위한 프로그램입니다. 국어 어휘의 상당 부분을 차지하고 있는 한자어를 능숙하게 마음대로 부려 쓰기를 바라며 기초를 마련하고 다지기를 목표로 합니다.

이 프로그램에서 **다루게 될 제재이며 대상이 되는 한자 어휘**들은『등급별 국어교육용 어휘』(김광해 서울대 국어연구소, 2003),『국립국어연구원 교육용 어휘』 목록을 활용하여 골랐습니다. 여기에『표준국어대사전』(국립국어원,)과『초등국어사전』을 두 번째 그물로 써서 다시 골랐습니다.

건져 올린 **한자어와 한자들은 주제별로 묶어 재편성**했습니다. 아이들의 사회화 과정에 따른 언어 발달 양상에 맞춰, 의미가 구체적인 어휘에서 추상적인 어휘로, 친숙한 어휘에서 낯선 어휘 순으로 늘어놓았습니다.

한자는 가능한 **4급(어문회 검정 기준 1,000자) 범위**를 벗어나지 않도록 하였습니다. 그러나 아이들이 받아들이기에 충분하고 이 프로그램의 편성 의도와도 맞다고 판단되는 극히 일부 한자의 경우는 4급 한자를 벗어나는 경우도 있습니다. 사용 빈도순으로 만들었다는 급수한자시험의 급수 기준에 애매한 측면이 있기 때문입니다.

한자의 쓰임과 활용 그리고 이 과정을 수행해야 하는 이유나 동기 따위를 상징적이고 신화적인 이야기로 덧입혀 보았습니다. 한글과 한자를 상징하는 캐릭터를 등장시켜 마치 한글과 한자가 '실체와 그림자'의 관계와 같고, 그 주객 관계가 뒤바뀌었다는 것에 착안한 것인데, 아이들에게 국어 공부의 친근함을 주고 싶었던 저의 바람 때문입니다.

모쪼록 이 프로그램이 기존 한자 학습에서는 제시할 수 없었던 아이들의 국어 어휘력 향상에 보탬이 될 수 있기를 희망합니다.

박현창

한자 어휘를 공부하기 위해 알아둘 것들

1. 한자의 훈(뜻) 다루기

한자 교육에서 가장 골머리를 앓고 있는 것이 한자의 대표 훈(뜻)을 정하는 것입니다. 이 프로그램에서 낯설 게 느껴지는 학습 내용 대부분은 바로 대표 훈(뜻)의 문제로 비롯되는데 다음과 같은 3가지 문제가 있습니다.

첫째는 훈(뜻)이 현대에서는 비속어로 바뀌거나 거의 사어가 된 것입니다. 대표적인 예 로 '놈 자者'가 있습니다. 이를 곧이곧대로 풀어 익히다 보면 문제가 있지요. 예컨대 '저자'를 '글 쓴 놈'이라고 해석하는 곤란한 상황이 발생합니다. 언제부턴가 '계집 녀女'를 '여자 녀女'라고 바꾸어 가르치지만 아직도 대표 훈은 '계집'입니다. 이처럼 대표 훈이 바뀌지 않은 한자가 많은 것 이 현실입니다. 이 프로그램에서는 '놈 자'를 '(~하는) 이 자'로 다루고 그에 따른 설명을 하였습니다. '女'는 '여자 녀'로 제시하는 등 현재 우리 감각에 맞도록 풀이했습니다.

둘째는 훈(뜻)이 음과 같은 경우입니다. 동어 반복되는 꼴로서 예를 들면 '법 법法'이나 '쾌 할 쾌快' 따위 등이지요. 이 프로그램에서는 일상적으로 많이 쓰이는 낱말을 통해 조금 더 편하게 설명했습니다. '경쾌' '쾌활' 등의 낱말을 통해 '기뻐할 쾌快'로 풀이한 것이지요. 그러나 쾌감(快感:시원한 느낌) 등의 낱말은 '시원할 쾌快'라는 설명을 덧붙여 뉘앙스의 차이도 놓치지 않았습니다.

셋째는, 훈(뜻)이라는 것이 이름에 걸맞지 않게 그 한자가 쓰인 한자어 풀이에 충분하지 않은 경우입니다. 아들 子가 대표적입니다. 사자(獅子)는 '사자 아들'이고, 모자(帽子)는 '쓰개 아들'이라 풀이할 수는 없는 노릇입니다. 그래서 이러한 한자어나 한자들은 상대적으로 많은 지면을 할애해 자원과 함께 다루어 구분하였습니다.

2. 한자 쓰기는 최소화

이 프로그램에서 한자 쓰기는 최소화했습니다. 한자 쓰기나 획순은 아이들에게 기억의 수단이나 장치로서 유익함보다는 귀찮고 성가신 것이 되기 일쑤입니다. 그래서 이 프로그램은 한자 쓰기보다 그 의미를 이해하는 데 초점을 맞추었습니다. 획순도 일반적인 획순 익히기가 아니라 한붓그리기 형식까지 도입했습니다. 아이들이 한붓그리기라는 느낌으로 쓰다 보면 한자가 한결 수월하게 느끼리라 기대합니다.

일부 활동에는 이 책의 목표인 급수 시험 4급 범위를 넘어가는 한자들이 종종 나옵니다. 묘하게도 모양이 흡사해서 헷갈리기 딱 좋은 한자들입니다. 해당 단원에서 배우는 한자를 구별해 찾아내라는 의미이지 그 뜻까지 알아내라는 것은 아니니 애써 알려고 할 필요는 없습니다.

핵심 한자를 이용한 재밌는 활동으로 아이의 어휘력은 폭풍 성장!

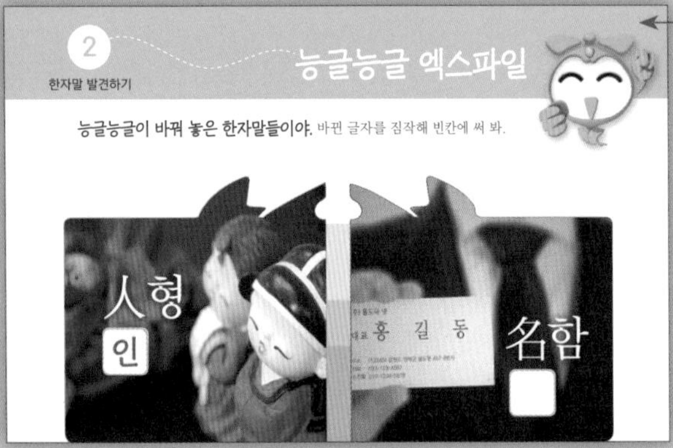

STEP 1
낱말에서 한자 발견하기

인형은 사람 인(人), 모양 형(形)이지요. 인형의 인이 사람이라는 뜻의 인이라는 사실을 발견하는 것, 새로운 한자 학습의 시작입니다.

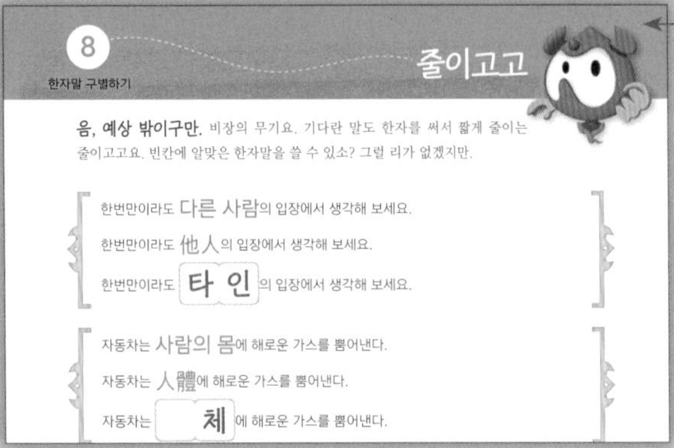

STEP 2
우리말이 압축 번역되는 원리 이해하기

우리말과 한자의 관계를 파악하고, 한자를 사용하면 좀 더 간단하고 압축적으로 표현할 수 있다는 것을 알게 됩니다.

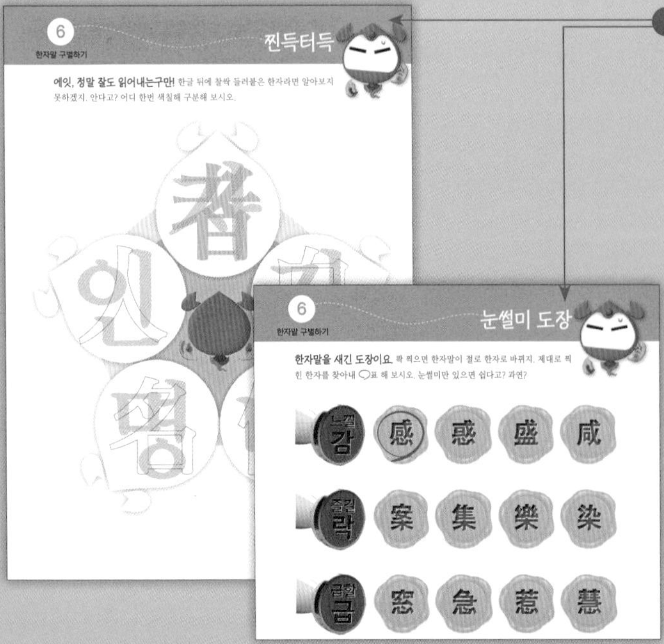

STEP 3
한자 식별하기

한자 학습의 흥미를 떨어뜨리는 것이 무작정 쓰기 방식입니다. 이 책에서는 색칠하고 구별하는 다양한 활동을 제시합니다. 한자를 좀 더 친근하고 쉽게 이해할 수 있습니다.

STEP 4
유사 단어, 틀린 단어 찾기 등으로 어휘 확장

다양한 문장, 장면 속에서 연관 단어들을 함께 제시하였습니다. 비슷한 것끼리 묶거나 틀린 것을 골라내며 어휘력을 높일 수 있습니다.

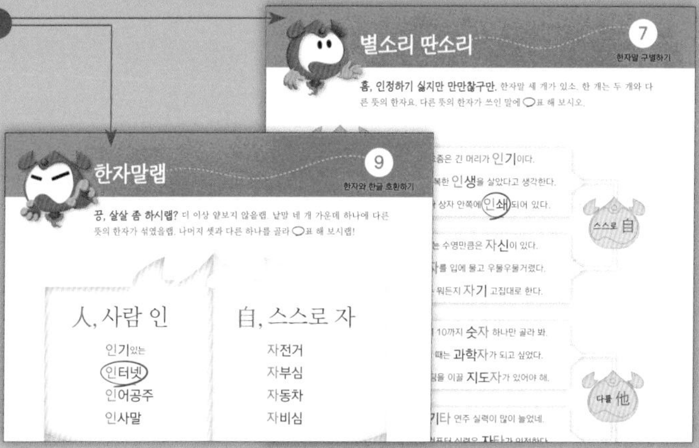

STEP 5
한자의 다양한 갈래를 활용해 어휘 확장

한자의 자원(字源)과 파생된 여러 가지 뜻을 함께 제시했습니다. 한자의 원형과 관련된 뜻을 이해하면 어휘력은 두 배, 세 배로 확장됩니다.

STEP 6
한자도 재밌게 써 보면서 마무리

아이들이 한자를 싫어하는 가장 큰 이유는 무의미한 쓰기 반복 때문입니다. 떼지 않고 그리는 한붓그리기 등으로 놀이하듯 한자를 쓰면서 힘들지 않게 한자를 배울 수 있습니다.

STEP 7
탄탄한 해설은 어휘력 향상의 마침표

새로 나온 단어에 대한 상세한 해설, 연관 단어에 나온 한자에 대한 설명, 자원 해설 등 학습에 필요한 제반 지식을 제공하여 어휘력을 한 단계 높여줍니다.

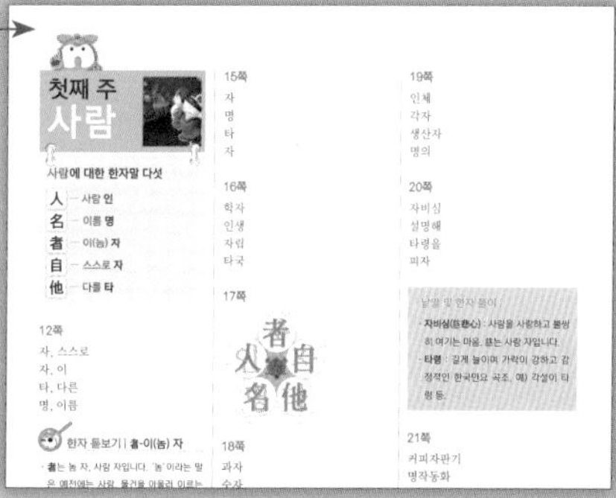

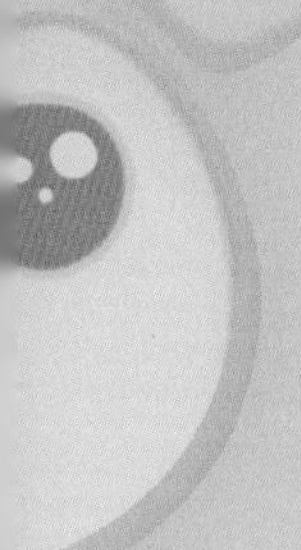

책을 받은 친구에게

안녕, 난 **한글 도깨비 뎅글뎅글**이야!

난 한글에 깃들어 사는 도깨비야. 너희가 한글을 읽고 쓸 때마다 늘 함께 있지. 정말이냐고? 글을 죽죽 잘 읽어나가는 소리나 모양을 '뎅글뎅글'이라고 하거든. 그게 다 내 이름에서 나온 말이야.

우리말 가운데는 한자로 이루어진 한자말이 많아. 너희도 뎅글뎅글 읽을 수 있지. **산, 강, 과자, 연필, 학교, 실내화**처럼.

한글도깨비 뎅글뎅글
쉬운 말을 씀.
말이 좀 긴 게 흠.

그런데 한글이 한자로 바뀌고 있어!

山, 江, 菓子, 鉛筆, 學校, 室內靴로!

길거리의 건물, 가게 간판, 책 표지, 광고, 학용품이나 과자 봉지까지. 한자말이 쓰였다면 작은 물건이건 커다란 건물이건 가리지 않고, 사람들이 다 잠든 한밤중에.

한자로 쓰인 말들이 잘 안 보인다고?

어휴, 내가 닥치는 대로 다시 한글로 되돌려 놓기 때문이야. 한글로 되돌리지 않으면 한자가 널리 쓰일 테고, 그럼 한글도깨비인 난 사라져 버릴 수도 있잖아? 그래서 안간힘을 다해 막고 있어.

이 고약한 짓은 **한자 도깨비**  **능글능글**이 벌이는 거야.

능글능글은 한자에 깃들어 사는 도깨비야. 오랫동안 사람들이 한자로 자기 뜻을 나타내는 걸 보고 살았지. 한글이 없을 때 우리말은 한자로 나타냈어.

하늘은 **天**, 나무는 **木**, 바람은 **風**, 이렇게 썼지.

그런데 한글이 만들어졌잖아. '하늘' '나무', '바람'처럼 우리말을 오롯이 한글로 나타낼 수 있었어. **天**(하늘)이나 **川**(냇물)처럼 뜻이 다른 한자도, **踐**(밟다), **淺**(얕다)처럼 복잡한 한자도 '천'이라고 쉽게 쓸 수 있게 되었지.

한자도깨비 능글능글
긴 말을 짧게 함. 어려운 말로 잘난 척이 흠.

능글능글은 걱정이 되었어.

'천'이라고만 쓰면 하늘(天)인지, 1,000(千)인지, 냇물(川)인지 제대로 알 수 있을까?

'모자'라고 하면, 머리에 쓰는 모자(帽子)인지 엄마랑 아들이라는 모자(母子)인지 제대로 알까?

제대로 알려준답시고 세상의 한자말을 한자로 바꿔 버린 거야.

"한자를 써야 뜻을 정확하게 알 수 있어. 그래야 세상 만물을 제대로 알고, 내 뜻을 남한테 전하고, 남의 말도 잘 알아듣지."하면서 안달복달이야.

나는 밤이면 밤마다 능글능글이 바꾼 한자를 한글로 바꿨어.

근데 내일 밤이면 능글능글이 또 휙 바꿔버릴 거잖아.

도대체 어떻게 능글능글이 이런 짓을 못 하게 하지?

나는 궁리에 궁리를 거듭 했어.

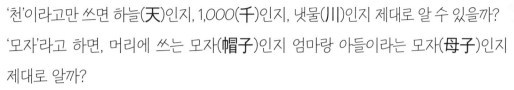

한자도깨비를 안심시켜 주면 돼!

우리가 한자도깨비에게 낱말 속 한자의 뜻을 잘 알고 가름할 수 있다고 알려주면 되는 거야.

우리는 천 일이라고 하면 1,000개의 날, 세상'천지'라고 하면 하늘과 땅, 청계'천'이라고 하면 냇물이라는 뜻이라는 걸 알잖아?

한글로도 세상의 일들을 충분히 나타낼 수 있다는 걸 알게 되면 능글능글이는 다시는 너희가 읽은 한자말을 건드리지 않을 거야!

너희가 벌써부터 알고 있는 낱말의 뜻을 곰곰이 생각해 보면 다 알 수 있어.

물론 능글능글이 가만있지는 않을 거야.

너희가 한자말을 정말로 뎅글뎅글 읽어내는지 따지고 딴지를 걸 거야.

내가 도와줄게. 나는 한글로 세상 모든 것을 나타내는 것을 돕는 도깨비니까.

어때, 나와 함께 나서 보지 않을래?

자, 능글능글의 수작을 함께 물리쳐 보자고!

차례

첫째 주 사람 11

둘째 주 가족 27

셋째 주 남녀노소 43

넷째 주 몸 59

다섯째 주 가정 75

여섯째 주 느낌 91

일곱째 주 빛깔 107

여덟째 주 마음 123

정답 및 풀이 139

사람에 대한 능글능글 한자말을
뎅글뎅글 읽어내자.

능글능글 한자 파일

1 한자말 인식하기

한글도깨비 뎅글뎅글이랑 능글능글 사건 현장으로 출발! 몸 좀 풀까? 주어진 세 낱말과 뜻풀이에서 공통점을 찾아 빈칸에 써 보자.

[인] 이란 글자가 있어!	노인 늙은 사람	죄인 죄를 지은 사람	상인 장사하는 사람	[사람] 이란 뜻이 있어!
[ ] 란 글자가 있어!	자신 자기 스스로	자습 스스로 혼자서 공부하는 것	자동 스스로 움직임	[ ][ ][ ] 란 뜻이 있어!
[ ] 란 글자가 있어!	학자 학문을 연구하는 이	부자 재산이 많은 이	기자 신문, 방송의 기사를 쓰는 이	[ ] 란 뜻이 있어!
[ ] 란 글자가 있어!	타인 내가 아닌 다른 사람	타의 자기가 아닌 다른 사람의 뜻	타살 다른 이에게 죽임을 당하는 것	[ ][ ] 이란 뜻이 있어!
[ ] 이란 글자가 있어!	별명 특징을 나타내 남이 지어 부르는 이름	성명 성과 이름	명화 아주 잘 되어 이름난 그림	[ ][ ] 이란 뜻이 있어!

2

한자말 인식하기

능글능글 엑스파일

능글능글이 바꿔 놓은 한자말들이야. 바뀐 글자를 짐작해 빈칸에 써 봐.

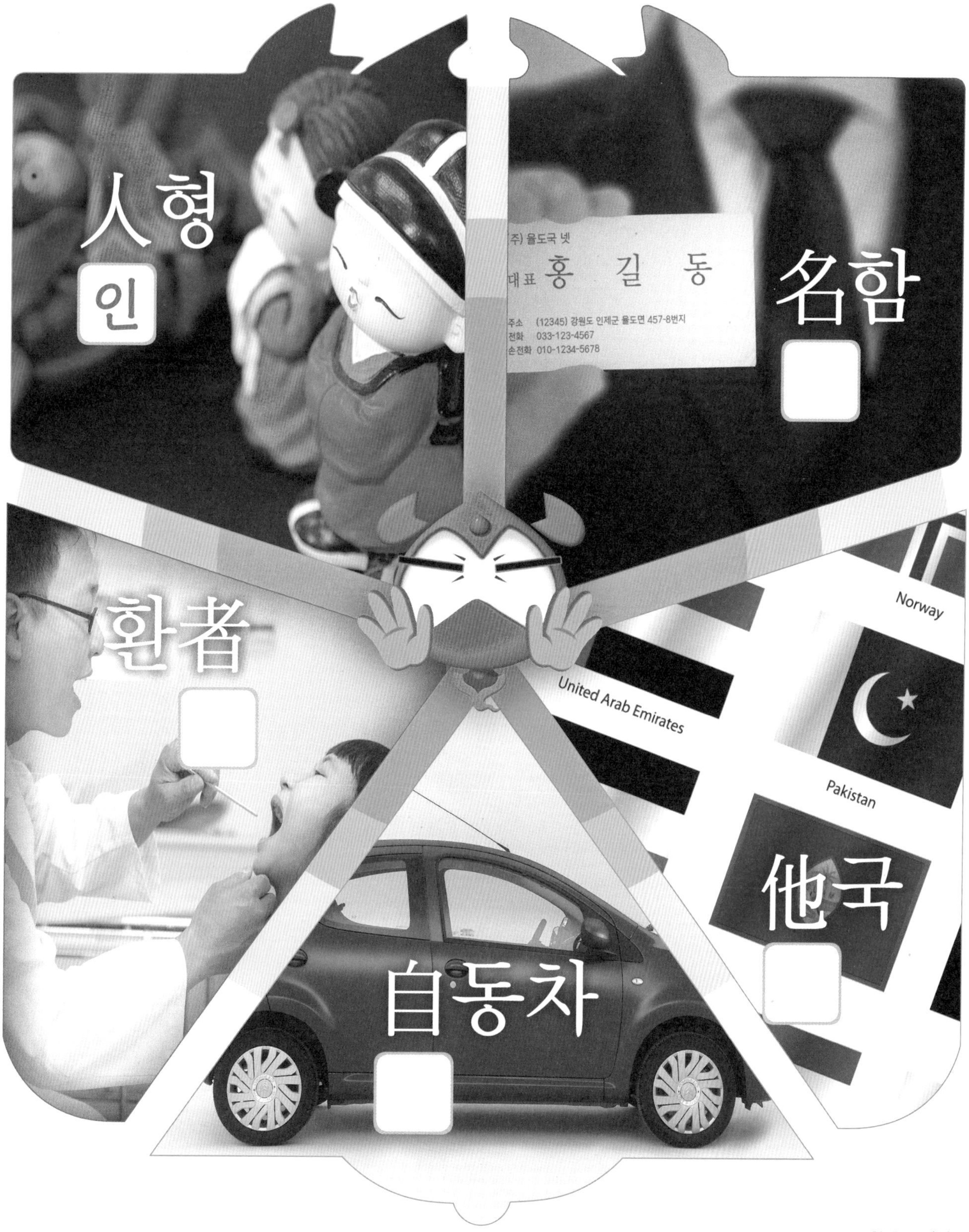

휘휘 한자말

3 한자말 발견하기

에헴, 나 한자도깨비 능글능글이요. 한자말을 모아 글자를 휘휘 바꿔 보았소. 내가 바꾼 한자를 읽을 수 있겠소? 빈칸에 써서 증명해 보시오.

군人 군대에 속해 일을 하는 사람	시人 시를 짓는 사람	애人 사랑하는 사람	인
自연 스스로 있는 것이나 환경	自신 자기 스스로 굳게 믿음	自체 스스로의 그것	
독者 글을 읽는 이	필者 글을 쓴 이	승者 놀이, 경기, 싸움 따위에서 이긴 이	
他국 자기 나라가 아닌 다른 나라	他향 자기 고향이 아닌 다른 곳	他교 자기 학교가 아닌 남의 학교	
지名 마을, 지방, 땅 따위의 이름	악名 악하기로 소문난 이름	무名 이름이 알려지지 않음	

놈 者야. 놈은 본디 사람이란 뜻이었어. 지금은 ~하는 사람, ~하는 이라는 뜻!

4

한자말 발견하기

그렇다면 말이야

제법 글 좀 볼 줄 아시는구만. 내가 바꾼 글자를 읽어낼 수 있는지 좀 더 따져 봅시다. 빈칸에 알맞은 글자를 써 보시오.

성人은 **성인**이고, 어른이 된 **사람**
미人은 **미인**이고, 아름다운 **사람**
개人은 **개인**이고, 낱낱의 **사람**

그렇다면

人은 인 이라 읽고
사람이란 뜻

自유는 **자유**이고, **스스로** 마음대로 함
自신은 **자신**이고, **스스로** 굳게 믿음
自동은 **자동**이고, **스스로** 움직임

그렇다면

自는 ☐ 라 읽고
스스로란 뜻

인名은 **인명**이고, 사람 **이름**
가名은 **가명**이고, 가짜 **이름**
본名은 **본명**이고, 본디 **이름**

그렇다면

名은 ☐ 이라 읽고
이름이란 뜻

他의는 **타의**이고, **다른** 사람의 생각
他인은 **타인**이고, **다른** 사람
他지는 **타지**이고, **다른** 지역

그렇다면

他는 ☐ 라 읽고
다른이란 뜻

환者는 **환자**이고, 다치거나 아픈 **이**
패者는 **패자**이고, 경기나 싸움에서 진 **이**
약者는 **약자**이고, 힘이 약한 **이**

그렇다면

者는 ☐ 라 읽고
~하는 **이**란 뜻

능글고글

5

한자와 한자말 관계 알기

뎅글뎅글 잘도 하시는군. 어디 이것도 해보시오. 내 능글고글은 한자말이 저절로 보이지. 능글고글 속 한자말을 보고, 빈칸에 알맞은 말을 써 보시오.

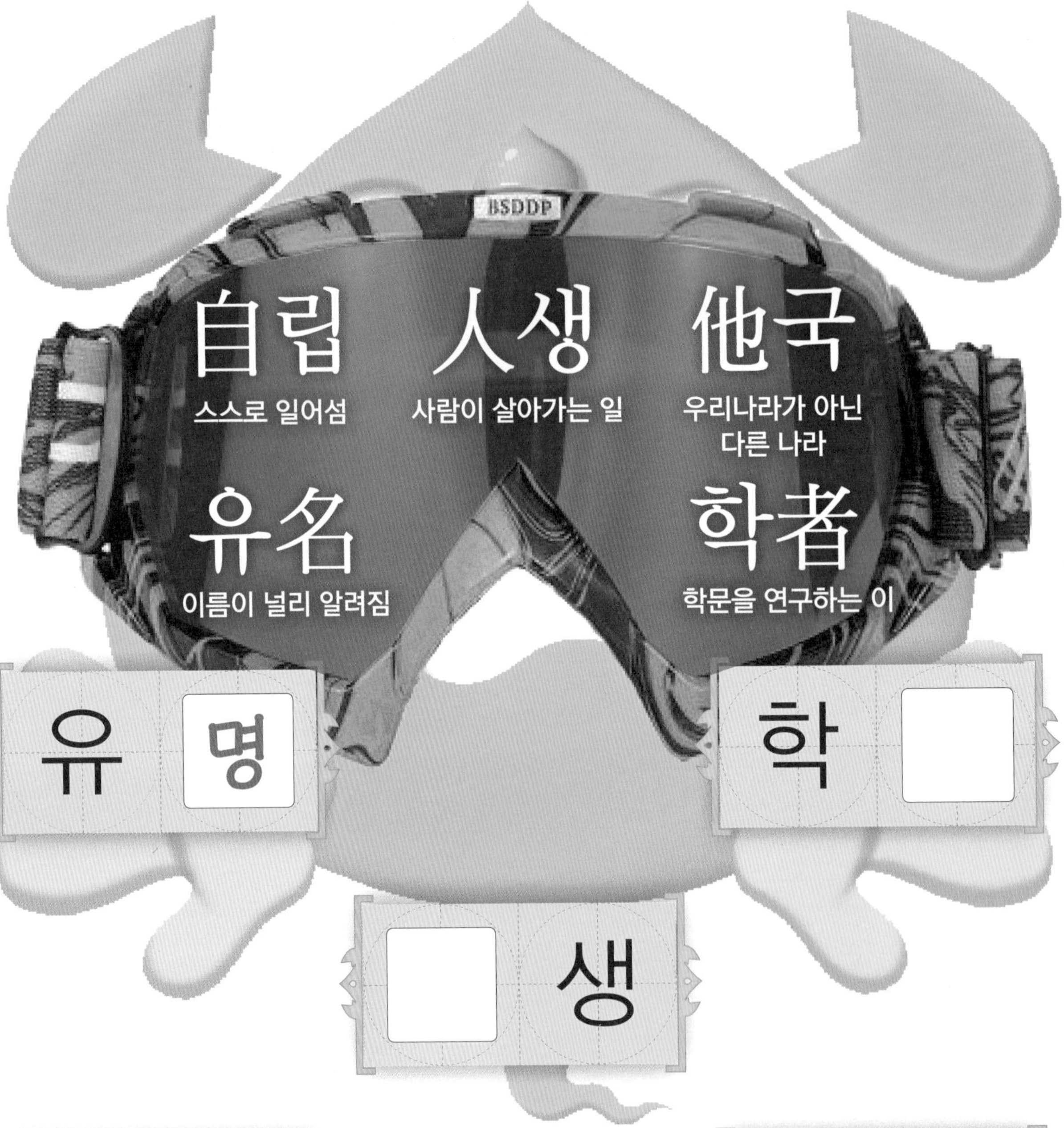

유 명

학 □

□ 생

□ 립

□ 국

6

한자와 한자말 관계 알기

찐득터득

에잇, 정말 잘도 읽어내는구만! 한글 뒤에 찰싹 들러붙은 한자라면 알아보지 못하겠지. 알아본다고? 어디 한번 색칠해 구분해 보시오.

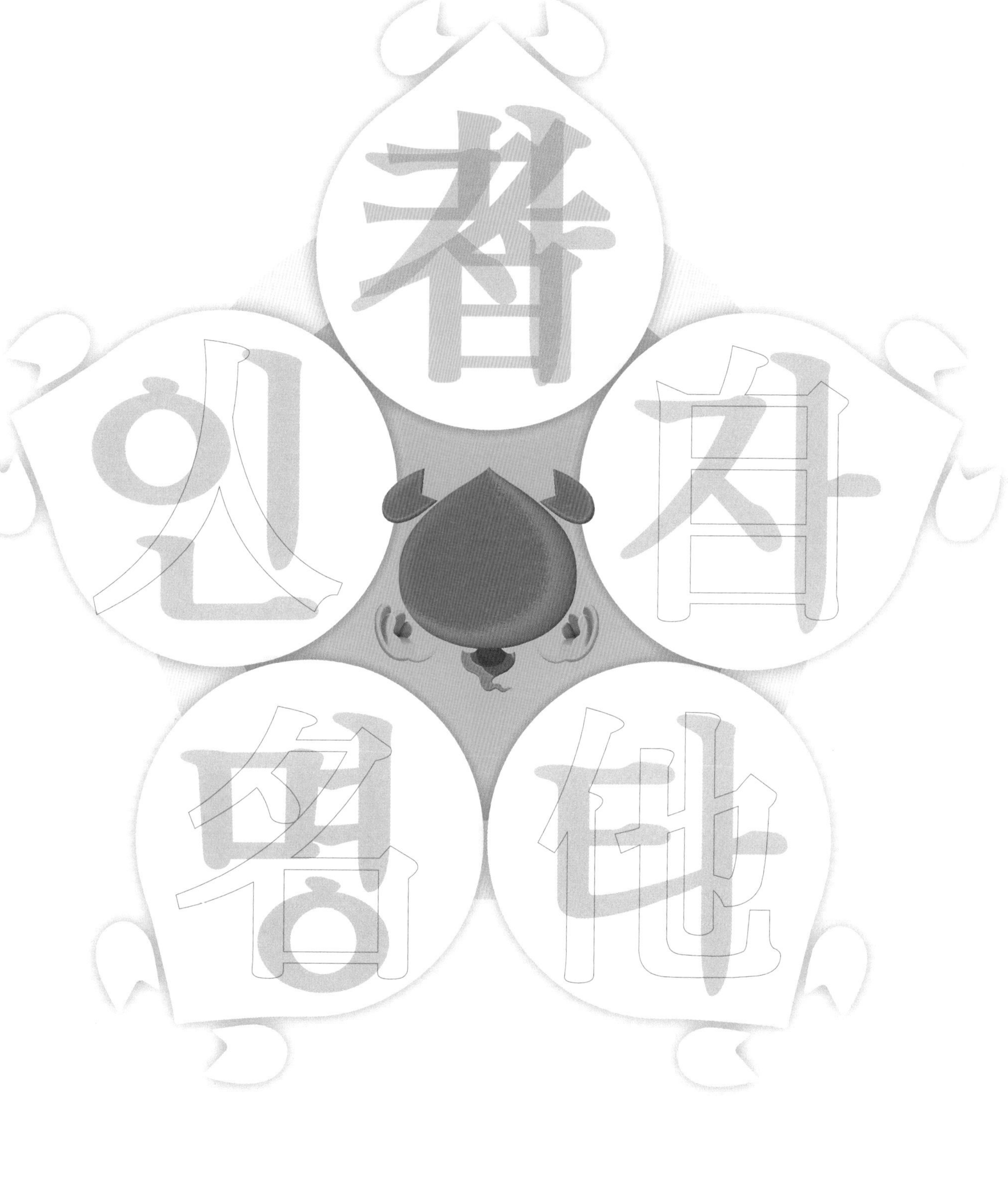

별소리 딴소리

7

한자말 용법 알기

흠, 인정하기 싫지만 만만찮구만. 한자 하나를 내보이겠소. 세 개의 낱말 가운데 내보인 한자가 쓰이지 않은 낱말이 하나 있소. 골라내 ◯표 해 보시오.

사람 人

요즘은 긴 머리가 **인기**이다.

나는 행복한 **인생**을 살았다고 생각한다.

상표가 상자 안쪽에 **인쇄**되어 있다.

스스로 自

나는 수영만큼은 **자신**이 있다.

과자를 입에 물고 우물우물거렸다.

그는 뭐든지 **자기** 고집대로 한다.

이 者

1에서 10까지 **숫자** 하나만 골라 봐.

어릴 때는 **과학자**가 되고 싶었다.

우리 팀을 이끌 **지도자**가 있어야 해.

다를 他

음, **기타** 연주 실력이 많이 늘었네.

그의 컴퓨터 실력은 **자타**가 인정한다.

타향에서 고향 사람을 만나면 참 반갑지.

이름 名

왜 그런지 제발 차근차근 **설명**해 줘.

명색이 좋아 사장이지 빈털터리야.

학교 다닐 때 내 **별명**이 뭐였게?

줄이고고

음, 예상 밖이구만. 비장의 무기요. 기다란 말도 한자를 써서 짧게 줄이는 줄이고고요. 빈칸에 알맞은 한자말을 쓸 수 있소? 그럴 리가 없겠지만.

한번만이라도 다른 사람의 입장에서 생각해 보세요.
한번만이라도 他人의 입장에서 생각해 보세요.
한번만이라도 [타][인]의 입장에서 생각해 보세요.

자동차는 사람의 몸에 해로운 가스를 뿜어낸다.
자동차는 人體에 해로운 가스를 뿜어낸다.
자동차는 [ ][체]에 해로운 가스를 뿜어낸다.

이제부터 각각 스스로의 일은 스스로 책임을 져야 한다.
이제부터 各自의 일은 스스로 책임을 져야 한다.
이제부터 [각][ ]의 일은 스스로 책임을 져야 한다.

이 상품을 생산하는 이는 누구입니까?
이 상품의 生産者는 누구입니까?
이 상품의 [생][산][ ]는 누구입니까?

진짜 이름난 의사는 병이 나기 전에 치료하는 사람이래요.
진짜 名醫는 병이 나기 전에 치료하는 사람이래요.
진짜 [ ][의]는 병이 나기 전에 치료하는 사람이래요.

한자말랩

9

한자말 용법 알기

끙, 살살 좀 하시렙? 낱말 네 개 가운데 하나에는 내보인 한자가 쓰이지 않았을렙. 내보인 한자가 쓰이지 않은 낱말에 ◯표 해 보시렙!

人, 사람 인

- 인기있는
- (인터넷)
- 인어 공주
- 인사말

自, 스스로 자

- 자전거
- 자부심
- 자동차
- 자모음

名, 이름 명

- 본명은
- 유명해
- 별명은
- 설명해

者, 이(놈)자

- 필자
- 저자
- 소비자
- 피자

他, 다를 타

- 타향에서
- 타인이
- 타지라고
- 타령을

10 한자말 용법 알기

풀이고고

아, 이거 불안한데. 에잇, 이번에는 거꾸로 해 보겠소. 한자말을 내 맘대로 막 풀어놓았소. 바르게 고쳐 써 보시오.

人

인 형 뽑기

自

커피 [ ] 판기

名

[ ] 작 동화

他

기 [ ] 등등

者

시청 [ ] 퀴즈

긴 뜻 짧은 말

11

한자말 적용하기

쳇, 포기해야 하나. 왼쪽 글에 표시된 긴 말을 한자말 하나로 바꿔 쓸 수 있소? 심하다고? 오른쪽 글에 그 한자말이 숨어 있긴 하오.

수민이는 달리기라면 최고라는 **스스로 당당히 여기는 마음**이 있어.

자 부 심

수민이 달리기 실력이라면 자부심을 가질 만해.

이 책은 **책을 지은 이** 자신의 여행 경험을 잘 드러내고 있어.

맞아, 그 저자의 다른 책에서도 여러 나라를 여행한 것 같더라.

시장 안은 손님을 부르는 **장사하는 사람들**로 아주 시끄러웠어.

그래, 특히 상인들 가운데 목소리 큰 사람들이 아주 많지.

다른 나라에서 10년을 생활한다는 게 쉬운 일은 아니지.

글쎄, 타국에서 살아본 적이 없어서 잘 모르겠어.

지금부터 **이름 부르는** 사람은 앞으로 나와 문제를 풀어보세요.

선생님이 가나다 순서로 호명하는 것 같아. 그럼 다음은 나네.

괄호 속 말

으흐흠, 인정을 해야 하나. 무척 어려운 문제를 내 볼까 하오. 괄호 속 낱말의 뜻을 생각해 보고 글에 알맞은 한자말을 골라 ○표 해 보시오.

사회생활은 **타자** { 打者(때릴 이) / 他者(다를 이) } 와 관계를 맺는 것이다.

독자 { 讀者(읽을 이) / 獨子(홀로 아들) } 와 작가가 만나는 모임이 열렸다.

제 꿈은 **시인** { 詩人(시 사람) / 是認(옳을 알) } 이 되는 것입니다.

수미는 동생이 **자기** { 自己(스스로 몸) / 磁氣(자석 기운) } 를 따라다니는 것을 싫어한다.

연예인들은 **실명** { 實名(참으로 이름) / 失明(잃을 밝을) } 을 쓰지 않는 사람들이 많다더라.

반반 한말

13

한자말 적용하기

믿을 수가 없구만. 뎅글뎅글 녀석, 어디서 이런 친구를! 다시 해 봅시다. 어떤 한자말과 순우리말을 반반 섞어놓았소. 완전한 한자말로 되돌려 써 보시오.

연예사람
배우, 가수, 무용가
연 예 인

사람물
생김새, 됨됨이, 뛰어남

스스로동차
버스, 트럭
택시, 자동차

별이름
성격, 특징
다른 이름

다른국
외국, 이국
남의 나라

병사람
병원, 주사
아픈 사람

이름함
인사, 만남, 소개

각각 스스로
한 사람, 저마다
따로따로

14 한자말 지식 익히기

능글능글 한자말 풀이

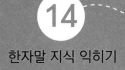

끄응, 내가 질 것 같아 억울해. 말 속에 어떤 한자의 뜻과 소리를 숨겨 놓았다오. 뜻과 소리에 맞는 한자에 ○표 해 보시오.

엄마, 삼촌**이 자**장면 시켜 먹자는대요.	他 自 (者)
어디서 찬바람**이 자**꾸 새어 나오지?	他 者 人
아이고, 저 **사람 인간**적으로 너무 한다.	自 者 人
사이**다**를 **타**서 먹어 봐.	人 他 自
생태, 동태, 아무튼 원래 **이름 명**태.	者 人 名
네 **스스로 자**격이 있는지 생각해 봐.	名 自 人

~하는 이 자

획획주문

앞에서 읽어 낸 한자말은 능글능글이 더 이상 건드리지 않을 거야.

뜻과 소리를 외면서 한자를 획획 쓰면 확실히 그렇게 되지.

丿人

人 人 人

人 사람 인

丿亻仂仲他

他 他 他

他 다를 타

丶丨门白自自

自 自 自

自 스스로 자

丿クタタ名名

名 名 名

名 이름 명

一十土耂耂者者者者

者 者 者

者 이(놈) 자

둘째 주
가족

가족에 대한 능글능글 한자말을

덩글덩글 읽어내자.

짐작해보셈

가족에 대한 한자말 사건 발발! 세 낱말의 공통점을 찾아, 빈칸에 알맞은 글자를 써 주셈!

할아버지 = 조부
큰아버지 = 백부
√ 작은아버지 = 숙부

작은어머니 = 숙모
어머니의 여자 형제 = 이모
√ 아버지와 어머니 = 부□

부모 잘 섬기는 도리 = 효도
부모 잘 섬기는 정성 = 효성
√ 부모 잘 섬기는 자식 = □자

외동아들은 독자
왕의 아들은 왕자
√ 어머니와 아들은 모□

서로 친한 사이의 사람 = 친구
아주 가깝고 친한 관계 = 친분
√ 남을 대하는 태도가 아주 친한 것 = □절

한 부모의 핏줄로 이어진 형 = 친형
한 조상의 핏줄로 이어진 사람들 = 친족
√ 부모나 아내와 남편의 핏줄로 이어진 피붙이 = □척

능글능글 엑스파일

능글능글이 바꿔 놓은 한자말들이야. 뎅글뎅글 읽어내 보자. 바뀐 글자를 빈칸에 쓰면 돼.

부

신父

□

개구리 왕子

□

孝자손

□

親환경 자동차

□

母국어

십자 한자말

본때를 보여주겠소. 십자 한자말 풀이에서 몇 자를 휙휙 바꿨소. 가로세로 힌트를 보고 알아맞혀 보시오.

				3 효	
	1 숙		2 모	3 子	녀
1 사	2 父				
	모			4 불	
				4 5 孝	도
5 이	6 6 母	교		심	
	음				
			7 모		
		7 부	8 親	분	

가로

1. 스승님
2. 어머니와 아들
3. 아들과 딸
4. 부모를 받드는 일
5. 어머니 여자 형제
6. 자기가 졸업한 학교
7. 아버지의 높임말
8. 아주 가까운 관계

세로

1. 작은 아버지
2. 아버지와 어머니
3. 효성스런 자식
4. 효도하지 못함
5. 효도하는 마음
6. 한글 홀소리
7. 어머니의 높임말

父	부
子	
孝	
母	
親	

4

한자말 발견하기

그렇다면 말이야

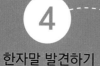

음, 만만찮아. 이 한자말셈은 어떨까? 내가 수백 년 동안 셈을 했던 한자말셈이요. 빈칸에 알맞은 말을 써 보시오.

부녀(父女) : 아버지와 딸
부친(父親) : 아버지의 높임말
부계(父系) : 아버지 쪽의 가족 관계

→ [부]는 父이고 아버지라는 뜻이다.

자손(子孫) : 아들과 손자
자녀(子女) : 아들과 딸의 높임말
자식(子息) : 아들과 딸을 두루 이르는 말

→ [ ]는 子이고 아들이라는 뜻이다.

모녀(母女) : 어머니와 딸
모친(母親) : 어머니의 높임말
모유(母乳) : 어머니의 젖

→ [ ]는 母이고 어머니라는 뜻이다.

효심(孝心) : 부모님께 효도하는 마음
효행(孝行) : 부모님께 효도하는 일
효성(孝誠) : 부모님께 효도하는 정성

→ [ ]는 孝이고 효도라는 뜻이다.

친구(親舊) : 서로 친하게 지내는 사람
친교(親交) : 남과 친하게 사귐
친분(親分) : 아주 가깝고 친한 관계

→ [ ]은 親이고 친하다라는 뜻이다.

덧씌우자

5

한자와 한자말 관계 알기

헛, 이렇게 할 수 있다니! 왼쪽 오른쪽에 반씩 덧씌워진 한자말을 보고 어떤 말인지 빈칸에 써 보시오.

아들과 딸.
자
할아버지야.
ㅏ ㅑ ㅜ 같은 거.
어머니를 높인 말.
명절에 만나지?

6

한자와 한자말 관계 알기

찾아내자

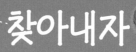

예상 밖이로구만! 한자말 좀 볼 줄 아시는군. 이건 까다롭소. 이제 막 바뀌려는 한자말들이요. 한자를 찾아 색칠해 보시오.

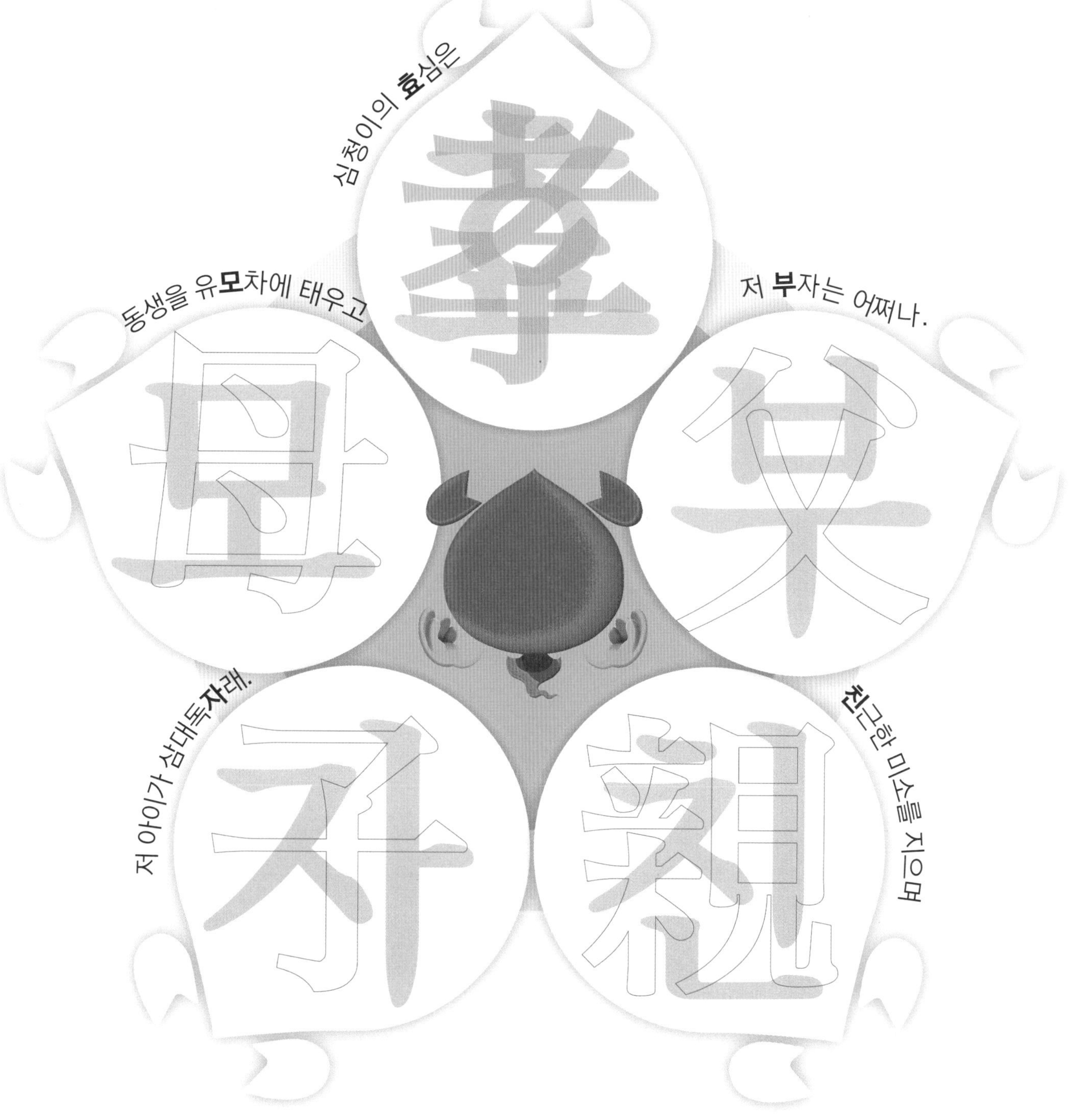

별소리 딴소리

7

한자말 용법 알기

으으, 이건 못해낼 것이오. 한자 하나를 내보이겠소. 세 개의 낱말 가운데 내 보인 한자가 쓰이지 않은 낱말이 하나 있소. 골라내 ◯표 해 보시오.

아이가 학교에 들어가면 저도 **학부모**가 되어요.

고향에 돌아가 그리운 **부모**를 만날 거야.

선생님이 **부르셔서** 교무실로 갔다.

할아버지, **손자**가 모두 몇 명이에요?

아빠, 저 **남자** 친구 있어요.

오늘 급식 반찬은 **콩자반**이다.

학교에서 **학부모** 회의를 엽니다.

공원에는 **유모차**에 탄 아기들도 많이 있었다.

모레부터 방학이 시작된다.

부디 이 **불효자**를 용서해 주십시오.

아빠는 등이 가렵다고 **효자손**을 찾았다.

이 약을 먹어 봐. **효과**가 있을 거야.

누렁이는 나의 둘도 없는 **친구**입니다.

외국인에게도 **친절**하게 대해야지.

더위에 **지친** 닭들이 하나둘씩 쓰러졌다.

8 눌러줄이셈

한자말 용법 알기

알았소, 보통 수준이 아닌걸. 기다란 말을 한자로 짧게 쓰는 비법, 눌러줄이셈이요. 빈칸에 알맞은 말을 써 보시오.

아버지 = [부] 父

~와 어머니 = [ ] 母

아버지와 어머니 = [ ][ ] 父母

효도 = [ ] 孝

~하는 아들 = [ ] 子

효도하는 아들 = [ ][ ] 孝子

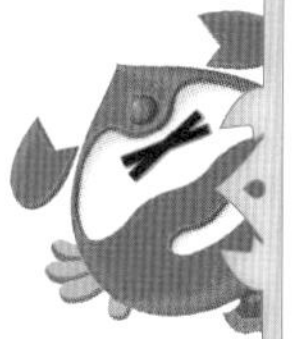

친하다 = [ ] 親

~하고 가깝다 = [근] 近

친하고 가깝다 = [ ][근] 親近

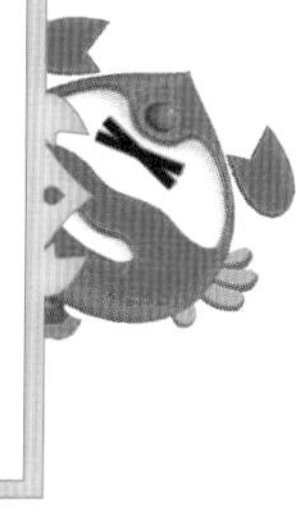

어머니 = [ ] 母

~의 젖 = [유] 乳

어머니의 젖 = [ ][유] 母乳

한자말랩

9

한자말 용법 알기

참, 억세게도 운이 좋은 것 같구만. 이번에는 한자말랩이오. 운으로 삼은 한자와 같은 것을 찾아보시랩. 찾아서 ◯표 하시랩!!

아버지 父부

아빠 남동생	아내와 남편	찌개	열심히
숙 부	부 부	순 두 부	공 부

아들 子자

나 홀로	삶고 튀기고	잘 생긴	저마다
혼 자	감 자	귀 공 자	각 자

어머니 母모

사각형	어머님	물	바닷가
네 모	모 친	한 모 금	모 래

효도 孝효

보람	긁적긁적	쓸모	소화
효 과	효 자 손	효 험	효 소

친할 親친

내어 드린	가득 담아	깨닫게 하는	아버님
바 친	넘 친	가 르 친	부 친

풀이고고

으윽, 뭐 이런 사람을. 에잇 이번에는 거꾸로 해 봅시다. 한자말을 내맘대로 풀어서 이었소. 바르게 고쳐 써 보시오.

父

학 부 모

母

□ 녀

親

□ 척

子

왕 □

孝

효 □ 손

긴 뜻 짧은 말

11

한자말 적용하기

불길한 예감이 드는구만. 왼쪽 글에 표시된 말을 한자말 하나로 짧게 쓸 수 있소? 오른쪽 글에 답이 되는 낱말이 숨어있지만.

답이 여깄네!

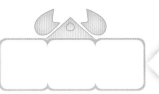

심청이처럼 **효도하는 정성**이 아주 지극한 아이가 어디 있겠어?	효 성	그래, 그 효성에 하늘도 감동해서 아버지 눈을 뜨게 한 거잖아.
오늘은 **작은아버지**의 생일이어서 작은집에서 다 모이기로 했다.	☐☐	아버지, 그럼 큰아버지와 막내 숙부도 오시겠네요?
고래도 **자식에 대한 어머니의 본능적 사랑**이 강한 동물이야.	☐☐☐	새끼에게 젖을 먹여 키우는 젖먹이 동물은 다 모성애가 강한 것 같아.
저기 빵 가게는 그 집안 **맏아들**이 물려받아서 대를 이어간다면서?	☐☐	아들 둘이 있는데 장자가 물려받아서 새로 가게를 연다고 하더라.
승준이는 유치원 다닐 때부터 **친하게 지내는 벗**이었어.	☐☐	그런데 왜 그런 친구와 만날 때마다 싸우는 거니? 앙숙 같은데!

괄호 속 말

대단하오! 하지만 아직 끝이 아니오. 표시된 한자말에 알맞은 한자를 골라 낼 수 있소? 으흐흐, 어려울 것이오.

우리 성당의 **신부** { 神父(귀신 아버지) / 新婦(새 아내) } 님은 잘생긴 청년이에요.

심청이는 **효성** { 孝誠(효도 정성) / 曉星(새벽 별) } 이 지극하여 소문이 온 나라에 퍼졌다.

부자 { 富者(부자 이(놈)) / 父子(아버지 아들) } 가 어쩜 걸음걸이도 똑같을까?

이제부터 **사부** { 師父(스승 아버지) / 四部(넷 떼) } 를 모시고 열심히 배워야 한다.

오랫동안 만나지 못했던 **모자** { 帽子(모자 아들) / 母子(어머니 아들) } 는 밤새 이야기를 나누었다.

진짜 아들 찾기

이것도 할 수 있을까? '아들 子'가 쓰인 낱말은 참으로 많다오. 그 가운데 진짜 '아들'의 뜻으로 쓰인 낱말을 골라 ○표 해 보시오.

사람

사람들 가운데 끼어 있는 진짜 **'아들'**은?

왕자 王子	남자 男子	여자 女子	제자 弟子

물건

물건들 사이에 끼어 있는 진짜 **'아들'**은?

상자 箱子	의자 椅子	탁자 卓子	장자 長子

동식물

동식물들 가운데 끼어 있는 진짜 **'아들'**은?

사자 獅子	독자 獨子	야자 椰子	유자 柚子

씨앗

생명을 품고 있는 씨앗들 가운데 진짜 **'아들'**은?

종자 種子	유전자 遺傳子	포자 胞子	효자 孝子

작은 물질

작은 물질들 가운데 끼어 있는 진짜 **'아들'**은?

원자 原子	분자 分子	모자 母子	전자 電子

14

한자말 지식 익히기

능글능글 한자말 풀이

분햇! 그래도 '아들 자子'는 포기 못 해. '아들 子'가 쓰인 낱말을 능글능글 하게 풀어봤소. 내가 어떤 낱말을 생각하는지 알아맞혀 보시오.

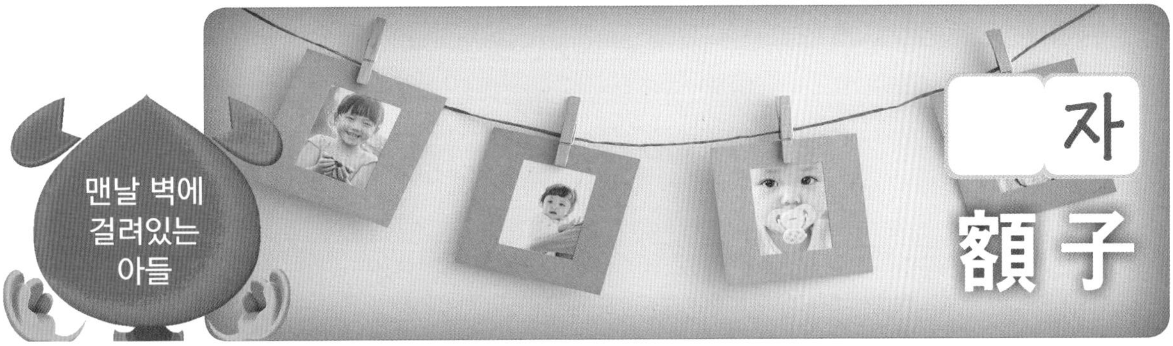

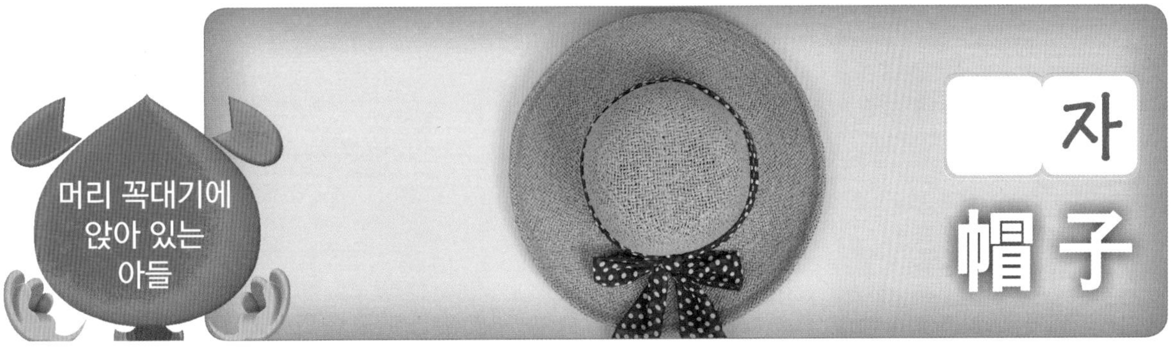

획획주문

15

한자말 지식 익히기

앞에서 읽어 낸 한자말은 능글능글이 더 이상 건드리지 않을 거야.

뜻과 소리를 외면서 한자를 획획 쓰면 확실히 그렇게 되지.

父 (쓰는 순서: ⼃ ⼋ 父 父)

父 父 父

父 — 아버지 부

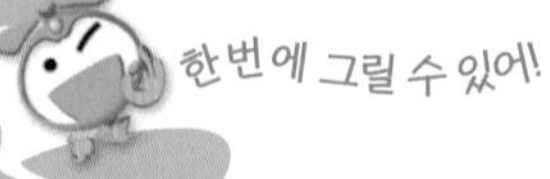

子 (쓰는 순서: ㇖ 了 子)

子 子 子

子 — 아들 자

母 (쓰는 순서: ㄴ 𠃍 母 母 母)

母 母 母

母 — 어머니 모

孝 (쓰는 순서: 一 十 土 耂 耂 考 孝)

孝 孝 孝

孝 — 효도 효

親 (쓰는 순서: 亠 立 辛 亲 新 … 親)

親 親 親

親 — 친할 친

셋째 주 남녀노소

남녀노소에 대한 능글능글 한자말을

뎅글뎅글 읽어내자.

눈치코치 그렇지

1

한자말 인식하기

남자 여자 노인 어린이와 관계있는 한자말을 되찾아 오자. 눈치코치 다동원! 왼쪽의 낱말 모두에 들어 있는 뜻을 찾아내 ◯표 하기!

버스회사 사장
초등학교 교장
4학년 2반 반장
→ 고수머리 / (우두머리) / 책상머리

잘생긴 미남
목욕탕의 남탕
하나뿐인 남동생
→ 사내 / 시내 / 남쪽

견우와 직녀
심술궂은 마녀
나무꾼과 선녀
→ 까마귀 / 까치 / 여자

나이 드신 노인
유년기, 청년기 그리고 노년기
배려해요 노약자
→ 젊다 / 늙다 / 어리다

세계 명작 동화
아이들 노래 동요
아이들 마음 동심
→ 노래 / 재미 / 아이

2

한자말 인식하기

능글 표지판

능글능글이 도로 표지판에 손을 뻗쳤어. 바뀐 글자를 짐작해 빈칸에 써 줘.

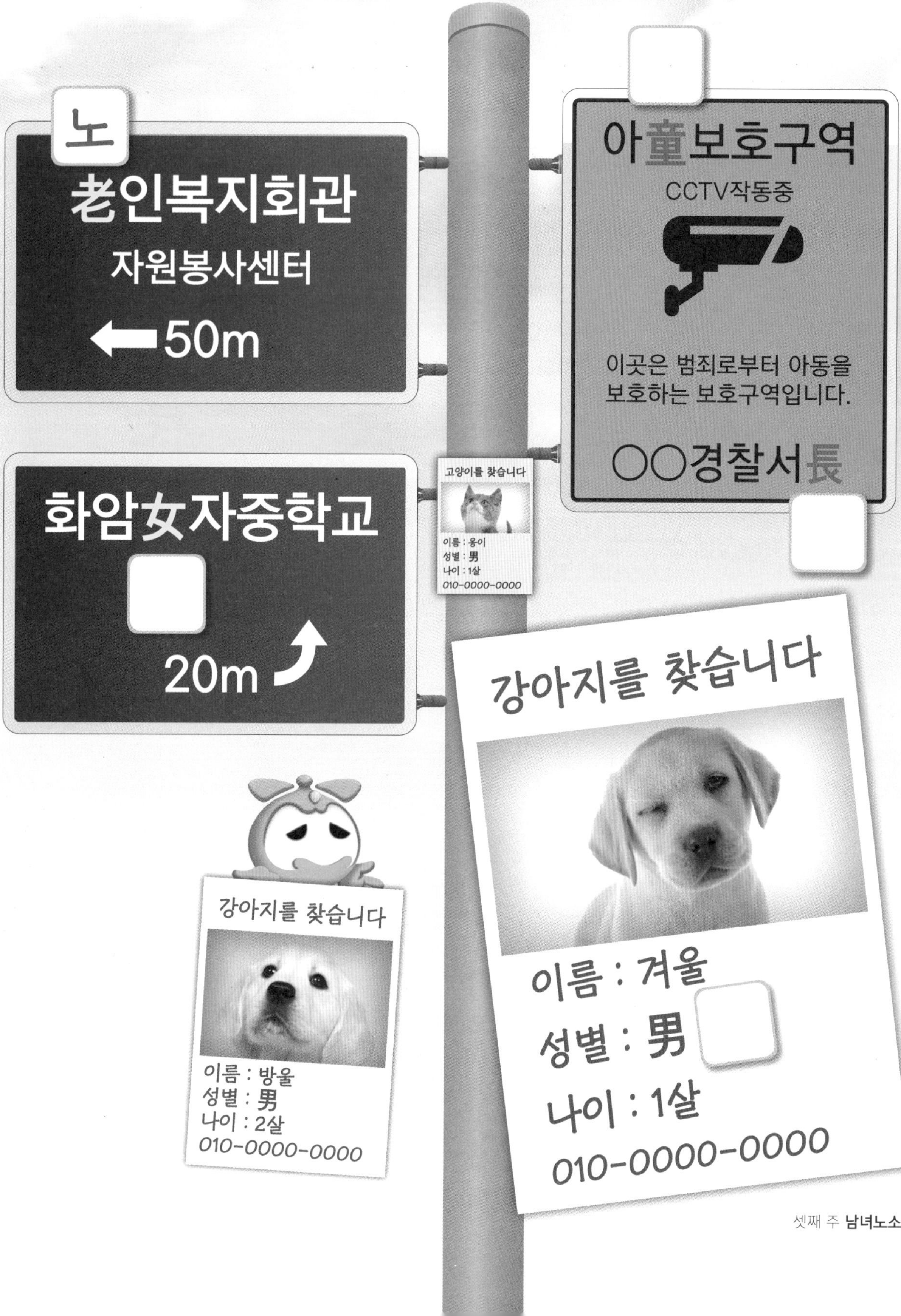

노
老인복지회관
자원봉사센터
50m
화암女자중학교
20m
아童보호구역
CCTV작동중
이곳은 범죄로부터 아동을 보호하는 보호구역입니다.
○○경찰서長
고양이를 찾습니다
이름 : 옹이
성별 : 男
나이 : 1살
010-0000-0000
강아지를 찾습니다
이름 : 방울
성별 : 男
나이 : 2살
010-0000-0000
강아지를 찾습니다
이름 : 겨울
성별 : 男
나이 : 1살
010-0000-0000

바꿔서예

3

한자말 발견하기

흠, 내 서예 솜씨를 보여주리다. 이른바 바꿔서예! 내가 어떤 글자를 바꾼 것인지 짐작해 빈칸에 써 보시오.

큰아들 장男 | 큰아들 男편 | 큰아들 男매 → 남

능글능글한자도깨비 능글

유치원 원長 | 유람선 선長 | 학생회 회長 → ( )

능글능글한자도깨비 능글

아름다운 미女 | 길쌈하는 여자 직女 | 바다가 일터 해女 → ( )

능글능글한자도깨비 능글

아이 같은 얼굴 童안 | 아이들 마음 童심 | 아이들 시 童시 → ( )

능글능글한자도깨비 능글

나이 많은 장수 老장 | 나이 많은 할머니 老파 | 늙은이와 젊은이 老소 → ( )

능글능글한자도깨비 능글

한자말셈

생각보다 뛰어나군, 흐음. 그러면 만만찮은 한자말셈을 해 보시오. 수식을 읽고, 어떤 뜻인지 써 보시오.

모이다 = 회(會)
\+ 우두머리 = 장(長)

모임의 우두머리 = 회 장 (會長)

늙다 = □ (老)
\+ 사람 = 인(人)

늙은 사람 = 노인(老人)

"老"가 첫머리에 올 때는 '노'로 읽지.

□□ = 동(童)
\+ 마음 = 심(心)

아이들의 마음 = 동심(童心)

여자 = 녀(女)
\+ 임금 = 왕(王)

□□ 임금 = 여왕(女王)

'女'가 첫머리에 올 때는 '여'로 읽지.

아름답다 = 미(美)
\+ 사내 = □ (男)

아름다운 사내 = 미남(美男)

덮어쓰고지우개

5

한자와 한자말 관계 알기

허 참, 내 체면이 말이 아니구만. 한자말을 맘대로 덮어쓰고 지우는 연필, 덮어쓰고지우개요. 덮어쓰고 지운 한자말이 무엇인지 빈칸에 써 보시겠소?

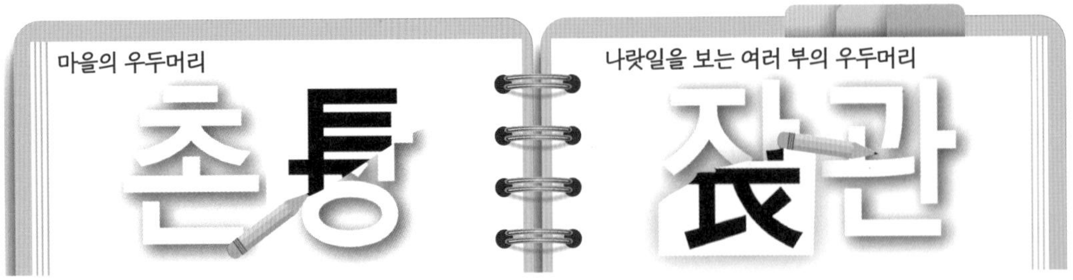

마을의 우두머리	촌長	나랏일을 보는 여러 부의 우두머리	長관	장
어떤 일을 오래 해서 경험 많고 공이 많은 늙은 사람	원老	나이 많은 늙은 어른을 존경함	경老	□
잘생긴 사내	미男	사내, 사나이	男자	□
아직 다 자라지도 않고 어리지도 않은 여자	소女	아들의 딸, 딸의 딸	손女	□
어린 아이 또는 어린이	아童	어린이의 마음	童심	□

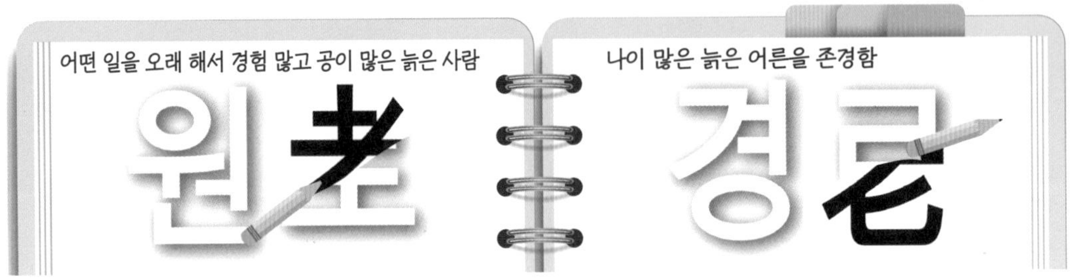

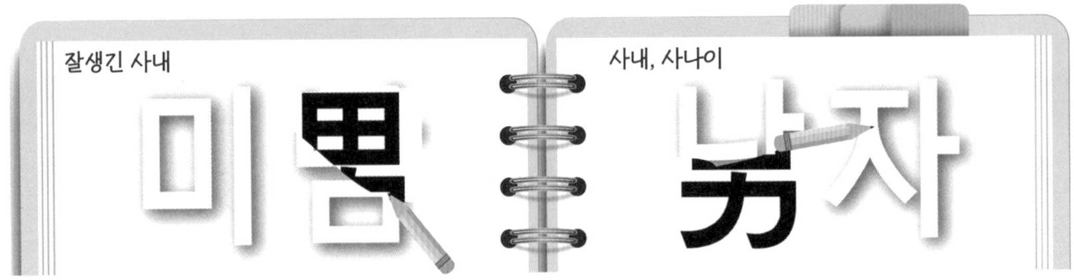

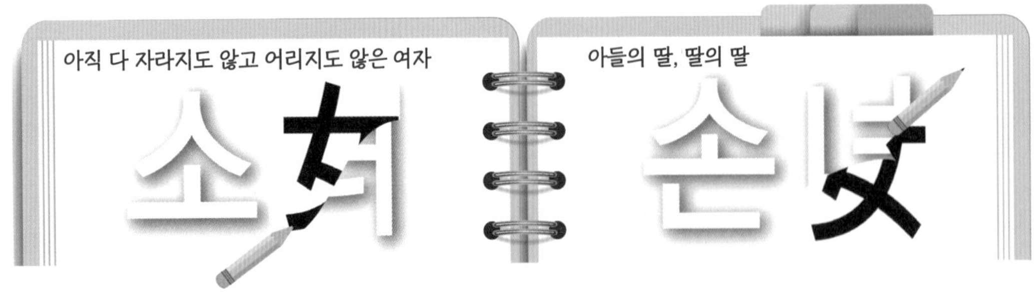

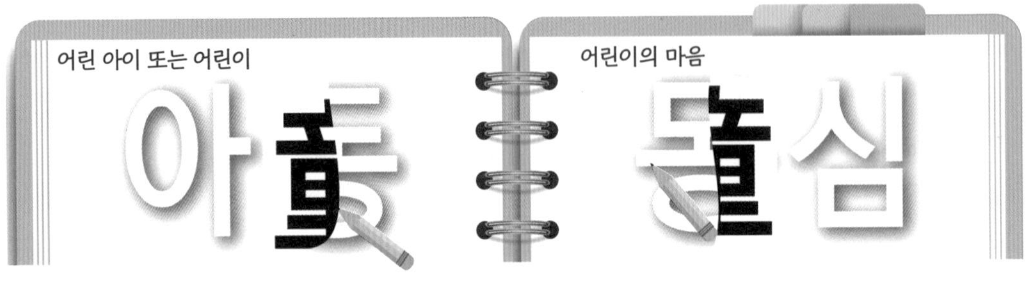

능글 망원경

한눈에 보였다고? 능글 망원경이요. 한자의 뜻과 소리만 보면 한자가 저절로 보이는 망원경이지. 내가 보는 한자가 어떤 것인지 ○표 해 보시오.

우두머리 장: 長 衣 哀 表

늙을 로: 孝 老 考 者

사내 남: 車 里 男 魚

여자 녀: 父 交 文 女

아이 동: 重 童 親 音

별소리 딴소리

풍선에 한자의 '뜻과 소리'를 내보였소. 풍선 아래에는 '뜻은 다르고 소리만 같은' 글자가 쓰인 낱말이 하나 있다오. 그 낱말을 골라서 ◯표 해 보시오.

- 우두머리 **장**: 대구시장배 바둑 1등! 장하다 우리 회장!
- 아이 **동**: 동화 교실, 3일 동안 펼쳐지는 동심의 세계
- 늙을 **로**: ○○노인정 경로잔치 효성으로 모심
- 여자 **녀**: 여름 특강! 여성의 미래 한국여자대학교
- 사내 **남**: 남성복 세일! 남자 정장, 남방 50%

한자말랩

으으윽! 우울해지는구만. 우울하니 힙합을! 내가 운으로 삼은 한자가 쓰인 낱말을 찾아보시랩! 찾아서 ◯표 하시랩!

우두머리 長 — 당장 불러와, 주차장 박 사장

아이 童 — 우리 아파트 3동 악동 맨날 소동

여자 女 — 추녀 끝에 매단 선녀 은비녀

사내 男 — 강남 체험학습 가서 잘난 미남 만남

늙을 老 — 노래하는 노랑 머리 노총각

괄호 속 말

9

한자말 용법 알기

으흐흐 정말 어려운 것을 내야 하겠구려. 표시된 한자말에 알맞은 한자를 골라 ◯표 해 보시오.

우리 집의 **가장** { 家長 (집 우두머리) / 假裝 (거짓 꾸미다) } 은 아버지세요.

상호는 잘 생기고 매너 만점인 **호남** { 好男 (좋다 사내) / 湖南 (호수 남쪽) } 형 아이다.

정말 **동화** { 童話 (아이 이야기) / 同化 (같다 되다) } 에서나 있을 법한 일이네요.

그리스 신화의 가이아는 대지의 **여신** { 女神 (여자 귀신) / 與信 (주다 믿다) } 이다.

후에 그는 세종시의 **시장** { 市長 (저자 우두머리) / 市場 (저자 마당) } 이 되었다.

10

한자말 용법 알기

긴 뜻 짧은 말

아이고, 대책을 세워야 해, 대책을. 길게 풀이한 말을 간단하게 한자말로 바꿀 수 있소? 간단하게 줄인 한자말을 찾아 ◯표 해 보시오.

새로 오신 학교의 우두머리 선생님 인사가 있겠습니다.

(교장) 선생님 참 멋지다, 그렇지?

엄마도 어느새 늙은 나이가 되어버렸구나!

엄마의 노년은 제가 잘 모실게요. 걱정하지 마세요.

모처럼 아이의 마음으로 돌아가 즐겁게 보았습니다.

네, 동심의 세계를 잘 그려낸 영화였습니다.

저 잘 생긴 사내는 누구냐?

나도 처음 보는 가수인데, 정말 미남이지?

정말 쟤가 그 어린 여자아이였단 말이야?

그래, 그 소녀가 어느덧 어엿한 숙녀가 되었지.

같은 소리 다른 말

11

한자말 적용하기

야단났네, 어쩐다? 소리도 모양도 같은 낱말들이 쓰인 글들이오. 내가 내보인 한자가 쓰인 글에 ◯표 해 보시오.

국방부 **장관**을 지낸 사람	우두머리 長	그 경치 한번 **장관**이네!
우리 시의 살림을 도맡은 **시장**님	우두머리 長	아이고, **시장**하다. 밥상 차리자.
아름다운 자연과의 **동화**	아이 童	세계 어린이 명작 **동화**
동시 짓기 겨울방학 숙제	아이 童	**동시**에 일어난 사건
나이를 짐작할 수 없는 **동안**	아이 童	6년 **동안**의 초등학교 생활

꼬長꼬長

분통, 애통, 원통! 어디, 꼬장꼬장하게 따져 봅시다. 長은 늙은 사람, 우두머리, 길다, 낫다 같이 여러 뜻이 있다오. 풀이를 보고 長의 뜻을 알맞게 써 보시오.

長

늙은이

자기 머리를 간수하지 못할 정도로 나이든 사람의 모습. 그래서 늙은 사람, '늙은이'.

☐☐

오래 산 사람은 머리카락도 길다는 데에서 길이가 '길다'는 뜻.

☐☐

사람이 나이가 들면서 점점 훌륭하고 나아진다는 데에서 '낫다'는 뜻.

☐☐☐☐

경험이 많고 지혜로운 늙은이가 무리를 이끄는 우두머리가 되었으니까. 그래서 '우두머리'.

장長장長

거덜 나겠네, 거덜 나겠어. 長의 뜻을 과연 다 안단 말이요? 주어진 '長'의 뜻이 들어간 한자말을 골라 ◯표 해 보시오.

뜻			
우두머리	비가 올 때 신는 長靴 장화	파출소 所長 소장	좋은 점 나쁜 점 長短點 장단점
길다	뱃사람을 지휘하는 船長 선장	긴머리 長髮 장발	좋은 점 長點 장점
낫다	학생회 會長 회장	자랑 長技 장기	학교를 이끄는 校長 교장
시간이 길다	오래오래 사는 十長生 십장생	교육부 長官 장관	우리 시 살림꾼 市長 시장

14 옛사람 한자말

한자말 지식 익히기

내가 진 듯하오, 흑흑. 선물로 별난 한자말 몇을 보내오. 옛사람들이 만든 한자말들이니 알아두면 어떻겠소? 빈칸에 알맞은 말을 써 보시오.

노 파 심

늙은 할머니
마음이라는 뜻이오.
할머니는 걱정이
많지 않소?

사 진

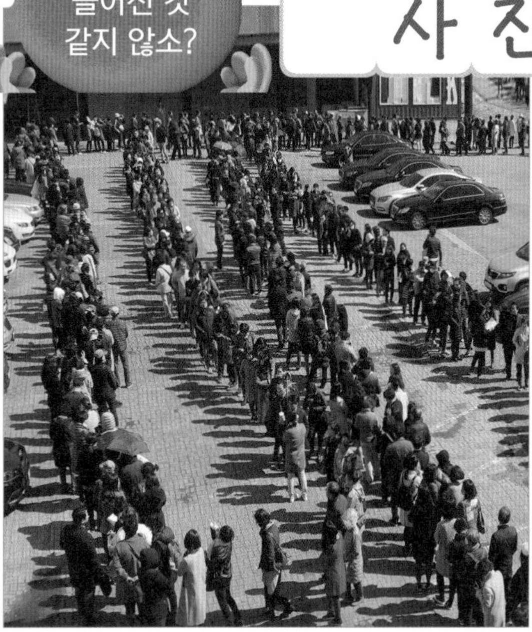

마치 긴 뱀이
늘어선 것
같지 않소?

옥 자

아이가
옥구슬같이
예쁘고 잘 생겼네!

장 부

남자처럼
씩씩하고 활달한
여자.

획획주문

앞에서 읽어 낸 한자말은 능글능글이 더 이상 건드리지 않을 거야.

뜻과 소리를 외면서 한자를 획획 쓰면 확실히 그렇게 되지.

人女女

女 女 女

女 — 여자 녀

한번에 그릴 수 있어!

一 十 土 耂 耂 老

老 老 老

老 — 늙을 로

丨 冂 日 田 田 男 男

男 男 男

男 — 사내 남

丨 厂 F F E 仨 長 長

長 長 長

長 — 우두머리 장

丶 亠 亠 立 立 产 咅 咅 音 音 章 童

童 童 童

童 — 아이 동

넷째 주 몸

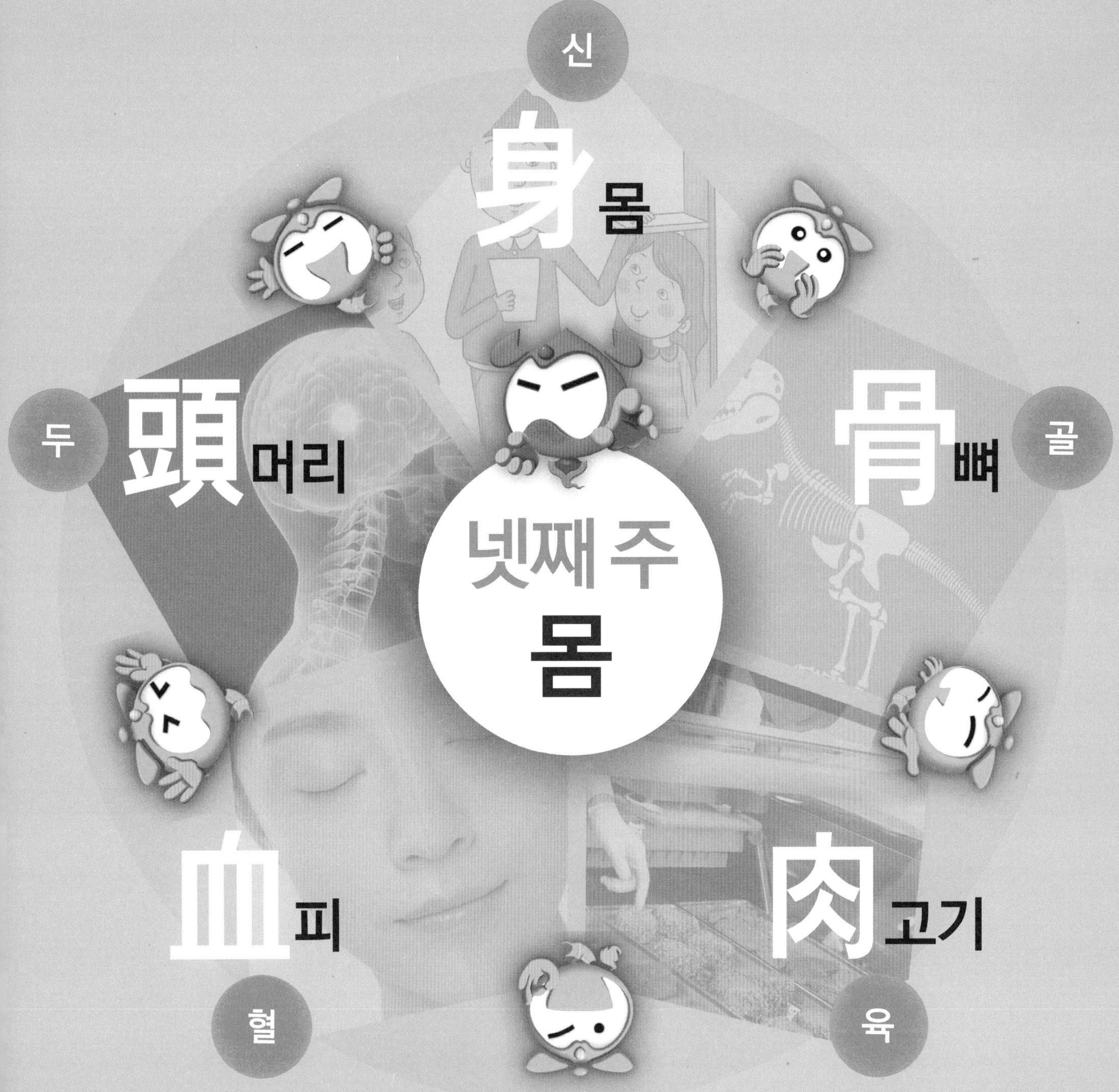

몸에 대한 능글능글 한자말을

뎅글뎅글 읽어내자.

짐작해보셈

1 한자말 인식하기

몸에 대한 한자말들이야. 세 낱말의 뜻과 소리의 공통점을 찾아보고, 빈칸에 알맞게 뜻과 소리를 써 봐.

몸 전체	몸의 모양을 바꿈	몸과 마음	→ 몸 {신}
전신	변신	심신	

← { }	죽은 이의 뼈	털과 뼈	죽은 뒤 살이 썩고 남은 흰 뼈
	해골	모골	백골

사람의 먹을거리가 되는 고기	사람이 음식으로 고기를 먹는 것	쇠고기를 얇게 저며 말린 음식	→ { }
육류	육식	육포	

← { }	피가 혈관 밖으로 나오는 것	다른 이를 위해 자기 피를 주는 것	흘러나오는 피를 멈추는 것
	출혈	헌혈	지혈

머리가 아픈 것	머리를 이루는 뼈	머리뼈를 덮는 피부	→ { }
두통	두개골	두피	

능글능글 영상

능글능글이 바꿔 놓은 한자말들이야. 바꿔 놓은 글자를 짐작해 빈칸에 써 줘.

스캐너스레

3

한자말 발견하기

생각보다 강력하구려, 그대가. 내가 쓰는 스캐너로만 읽을 수 있는 바코드요. 바코드 속 글자를 알아보겠소? 어떤 글자인지 빈칸에 써 보시오.

자身 12456 **자기** 9876
심身 456 **몸과 마음** 876
身장 16 **몸의 길이. 키** 86

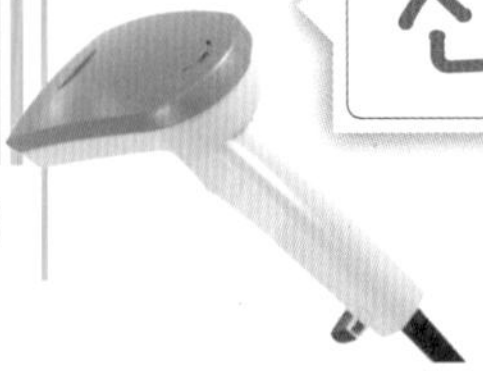

신

피骨 456 **살가죽과 뼈** 96
骨절 124 **뼈가 우지끈** 98
骨격 903 **몸의 뼈대** 65

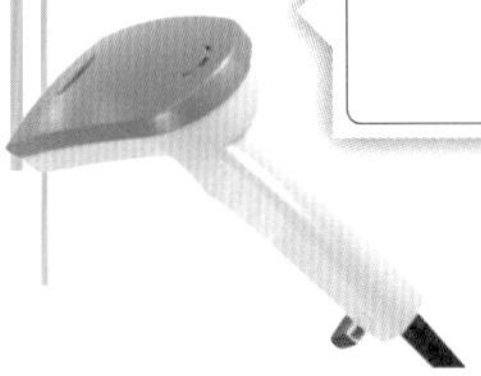

제肉 116 **돼지고기** 906
肉수 16 **고기를 삶아 낸 물** 00
정肉점 5 **고기를 파는 가게** 7

血액 38 **의학에서 '피'** 29
血관 4336 **핏줄** 936
수血 11 **피를 옮겨 넣음** 35

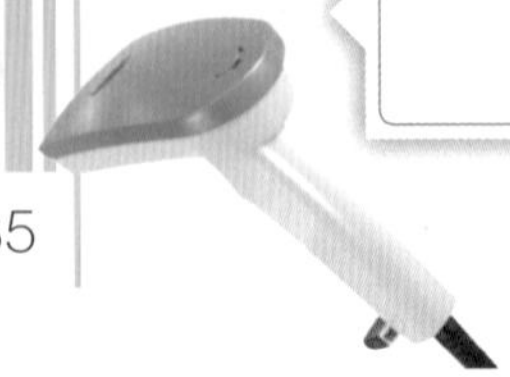

頭통 126 **머리 아픔** 86
頭건 001 **머리 쓰개** 237
頭상 432 **머리 모양** 123

한자말셈

갈수록 태산이구만. 어디 이 수식도 풀 수 있겠소? 수식의 말을 보고, 한자말셈의 빈칸에 알맞은 뜻을 써 보시오.

신

전신(全身) : 온 몸
자신(自身) : 제 몸
변신(變身) : 몸의 모양을 바꿈

= 신(身) : 몸

육

육식(肉食) : 음식으로 고기를 먹음
육류(肉類) : 먹거리가 되는 고기
육포(肉脯) : 얇게 저며 말린 고기

= 육(肉) : [ ][ ]

혈

혈관(血管) : 피가 흐르는 관
혈압(血壓) : 피가 흐를 때 생기는 압력
빈혈(貧血) : 혈액에 적혈구나 혈색소가 모자란 상태

= [ ](血) : 피

골

백골(白骨) : 오래 전 죽은 이의 흰 뼈
접골(接骨) : 부러지거나 삔 뼈를 맞춤
골격(骨格) : 동물의 몸을 떠받치는 뼈대

= 골(骨) : [ ]

두

두통(頭痛) : 머리가 아픈 증세
두뇌(頭腦) : 신경을 관장하는 머릿속 기관
선두(先頭) : 행렬의 맨 첫머리, 맨 앞

= [ ](頭) : 머리

덧씌우자

당황스럽구만. 내가 즐겨 그리는 벽그림이오. 어떤 한자말에 한자를 덧씌워 봤소. 덧씌우는 한자말이 무엇인지 빈칸에 써 보시오.

집안

망身 | 신 | 身세

타령

뼈만 남았어

해骨 | □ | 骨격

뼈대

돼지고기

제肉 | □ | 肉수

고기 삶은 물

어질어질

빈血 | □ | 血압

높으면 안 돼!

흰머리 산

백頭산 | □ | 頭개골

머리를 덮은 뼈

찾아내자

대단하구만! 이것도 쉽게 할 수 있을까? 한글 뒤에 찰싹 들러붙은 한자를 알아보겠소? 알아본다면 색칠해 구분해 보시오.

별소리 딴소리

7 한자말 용법 알기

으, 혈압이 오르는 것 같아. 내가 한자를 내보이겠소. 세 개의 글 가운데 내 보인 한자가 쓰이지 않은 것을 찾아 ◯표 해 보시구랴.

肉 — 고기

- 육육은 삼십육, 육칠은 사십이!
- 육수를 낼 때는 뭉근한 불에 오래 우려야 해.
- 정육점에 가서 삼겹살 두 근을 샀다.

頭 — 머리

- 그 녀석, 두상 한번 잘생겼네.
- 성모야, 두부 한 모 사와야겠다.
- 머리를 감을 때 두피를 너무 자극하지 마세요.

血 — 피

- 우리 몸에서 혈액은 핏줄을 통해 흐른다.
- 엄마는 빈혈 환자처럼 얼굴이 창백했다.
- 막힌 혈이 뚫린 듯 시원한 느낌이 들었다.

身 — 몸

- 기술자들은 공구를 자기의 분신처럼 다룬다.
- 신발이 너무 헐렁헐렁해서 잘 벗겨져.
- 오늘 신체검사에서 신장과 몸무게를 쟀다.

骨 — 뼈

- 동굴 속에는 해골이 여기저기 뒹굴고 있다.
- 영수는 운동하다 팔이 부러져 급히 접골원에 갔다.
- 깊은 산골에 한 나무꾼이 살았습니다.

8

한자말 용법 알기

한자말랩

속상할 때 노래가 최고지. 한자의 '뜻과 소리'를 내보였소. 소리를 맞춘 랩이오. '소리만 같고 뜻이 다른' 글자가 있는 낱말을 찾아 ◯표 하시랩!

몸 신

창피	온전한	도망가
망신	제정신	피신

뼈 골

깊은	바가지	머리뼈
산골	해골	두개골

고기 육

돼지고기	맛있는	배우고 익히자
제육	탕수육	교육

머리 두

맨 앞머리	반짝반짝	머리 아픔
선두	구두	두통

한자말 바꿈

이럴 수가! 한자말을 내 맘대로 풀어 꾸며 놓았소. 바르게 고쳐 써 보시오.

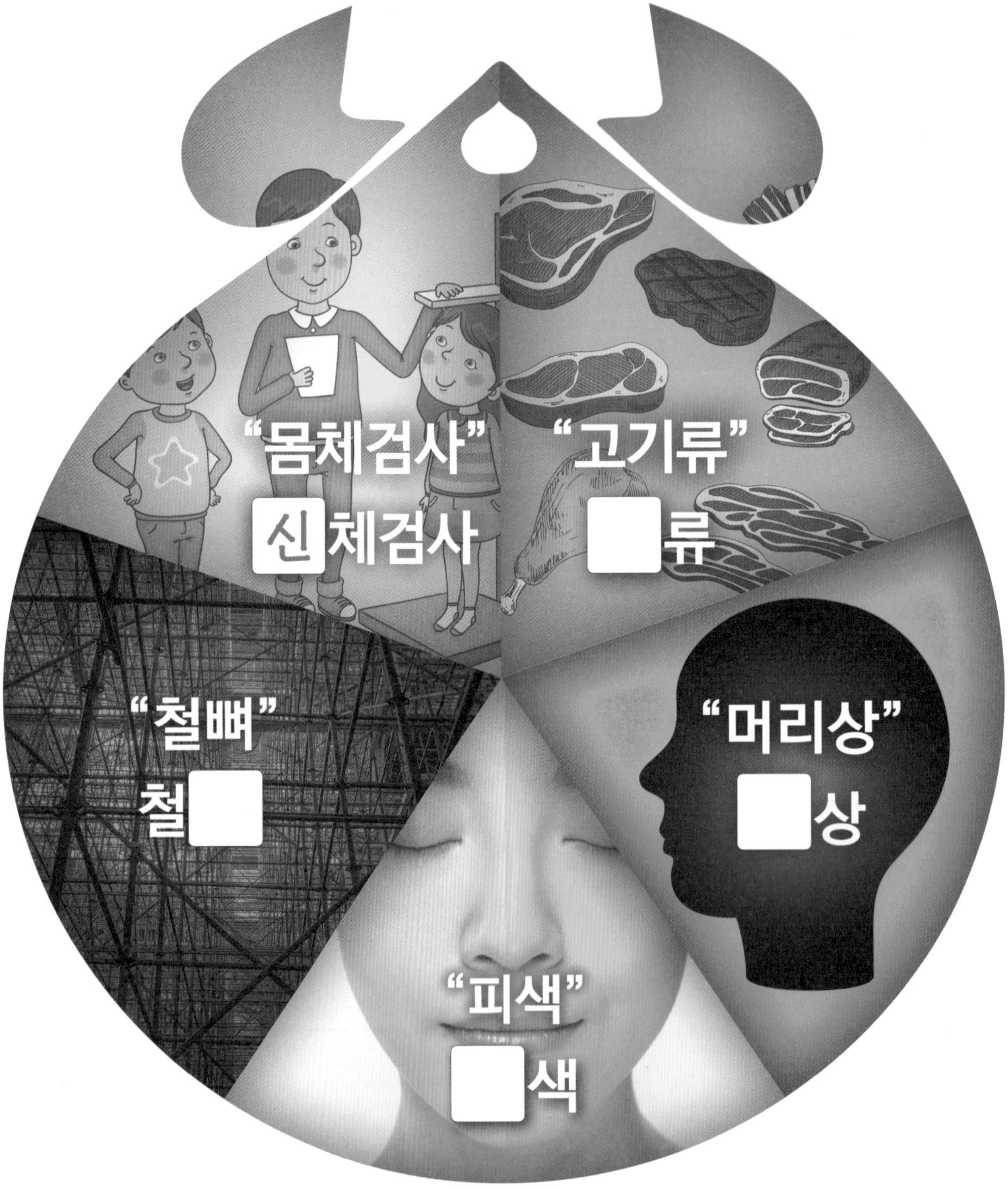

10

한자말 용법 알기

긴 뜻 짧은 말

불길한 예감이 드는구만. 신경 좀 써야겠소. 왼쪽 글에 표시된 말을 한자말로 짧게 줄여 쓸 수 있겠소? 오른쪽 글에 답이 되는 낱말이 있긴 하지만.

시험을 앞두고 오늘도 **스스로의 몸**과 싸움을 하고 있습니다.

자 신

가장 어려운 시험은 자신을 이기는 것이라고 하더라.

그 사람 **살가죽과 뼈**가 맞닿을 정도로 몸이 말라 보였어.

피골만 남았더라. 도대체 무슨 다이어트를 그렇게 하는지 몰라?

음식으로 고기를 먹는 것을 즐기는 사람은 뚱뚱해질 가능성이 높아.

무슨 소리야. 나는 육식을 즐기지도 않는데 왜 살이 찌는 거야.

여러분, 이 사업은 국민의 **피 같은 세금**으로 시작한 것입니다.

조금이라도 혈세를 낭비하는 것은 국민에게 죄를 짓는 것입니다.

지금 **제일 앞머리**에 있는 선수는 가나 선수입니다.

이제는 한국 선수가 선두로 치고 나와야 해요.

괄호 속 말

11

한자말 적용하기

뎅글뎅글이 대단한 친구를 데려왔구만. 표시된 한자말을 보고, 알맞은 한자를 골라낼 수 있겠소? 무척 헷갈릴 것이오만, 으하하.

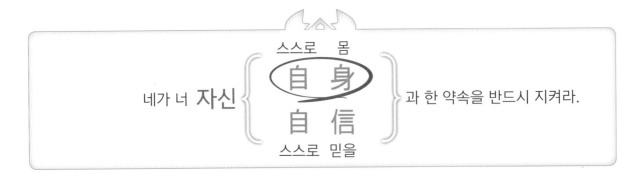

네가 너 **자신** { 自身 (스스로 몸) / 自信 (스스로 믿을) } 과 한 약속을 반드시 지켜라.

선생님은 마이크 없이 **육성** { 育成 (기를 이룰) / 肉聲 (고기 소리) } 으로 강의를 시작했습니다.

피가 모자라면 급한 환자부터 먼저 **수혈** { 輸血 (보낼 피) / 水穴 (물 구멍) } 해 주세요.

잠시 뒤에 대통령의 **연두** { 軟豆 (연할 콩) / 年頭 (해 머리) } 기자 회견이 있을 예정입니다.

고기 뭔 고기

끄응, 살이 빠지는구만! 그래도 '肉'은 그냥 지나칠 수 없어. 고기 肉의 다른 뜻인 살, 몸, 겨레 세 가지 뜻을 알맞게 써 보시오.

肉

고 기

제사에 쓰던 짐승의 고기를
쌓은 모양을 본뜬 글자.
그래서 '고기'라는 뜻.

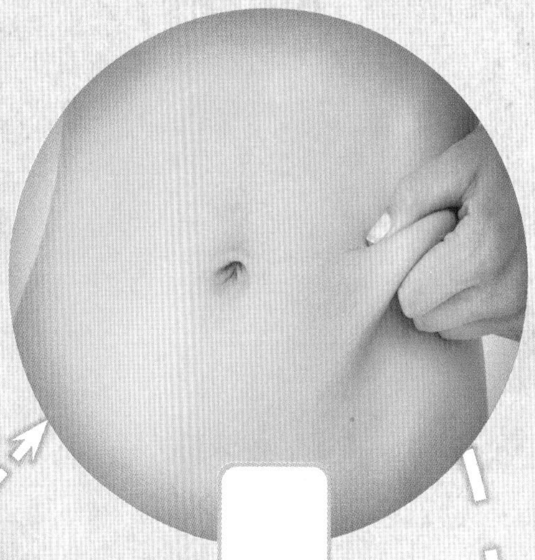

짐승의 뼈에 붙은 것은
고기, 사람의 뼈에 붙은 것은 살.
그래서 '살'이라는 뜻.

같은 핏줄을 이어받은 부모·자식·형제
등의 사람들. 겨레붙이.

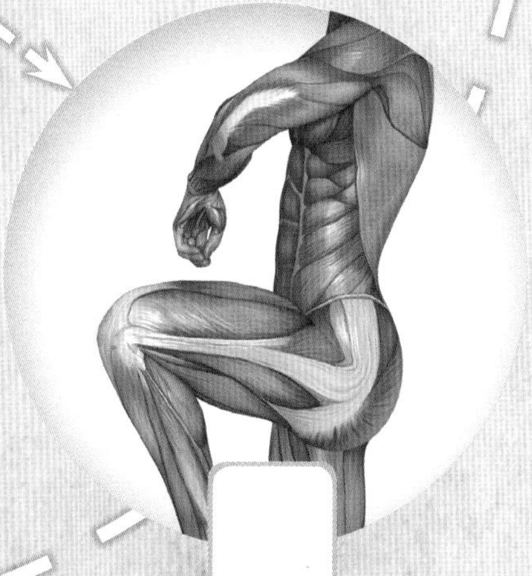

뼈에 붙은 살이 사람이나 사물의
몸체를 이루니까 '몸'이라는 뜻.

고기 肉 찾기

13

한자말 적용하기

이럴 수가. 肉은 쓰임새가 많은 글자요. 얼마나 여러 가지 뜻으로 쓰이는지 모를 거요. 주어진 뜻으로 쓰인 낱말에 ◯표 해 보시오.

몸들 가운데 끼어 있는 '고기'는?

肉體 육체　　肉眼 육안　　肉食 육식

고기들 가운데 끼어 있는 '살'은?

筋肉 근육　　수肉 수육　　제肉 제육

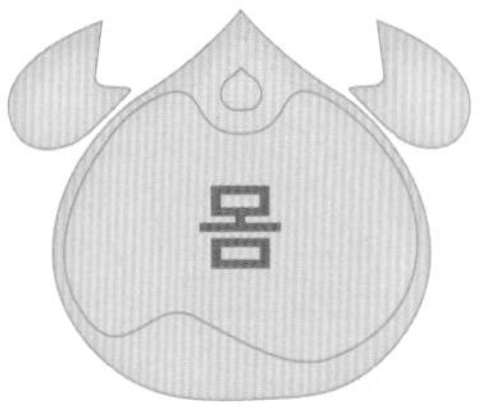

고기들 가운데 끼어 있는 '몸'은?

肉脯 육포　　肉膾 육회　　肉聲 육성

몸들 가운데 끼어 있는 '겨레'는?

肉身 육신　　肉親 육친　　肉聲 육성

14

한자말 지식 익히기

입에 붙은 말

이럴 수가! '肉'을 완전히 읽어낸단 말이오? 아니, 아니 인정 못 해! '肉'이 쓰인 이런 낱말도 아는지 봅시다. 어디 내가 내보인 낱말이 무엇인지 알아맞혀 보시오.

돼지고기에 녹말을 묻혀 튀기고 달콤새콤한 녹말 물을 부은 요리.
肉
탕 수 육

푹 삶은 쇠고기를 잘게 찢어 양념하고 얼큰하게 끓인 국
肉
육

갖은 양념을 한 돼지고기를 볶다가 다시 야채를 넣고 볶은 음식

쇠고기나 돼지고기를 파는 가게

획획주문

앞에서 읽어 낸 한자말은 능글능글이 더 이상 건드리지 않을 거야.

뜻과 소리를 외면서 한자를 획획 쓰면 확실히 그렇게 되지.

血 血 血 血 — 피 혈

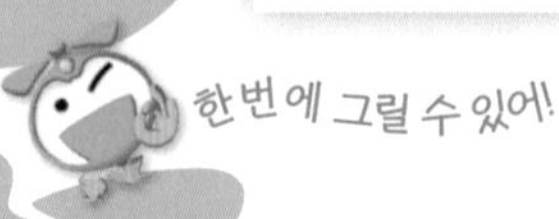

肉 肉 肉 肉 — 고기 육

身 身 身 身 — 몸 신

骨 骨 骨 骨 — 뼈 골

頭 頭 頭 頭 — 머리 두

다섯째 주 가정

가정에 대한 능글능글 한자말을
뎅글뎅글 읽어내자.

사전 뒤적뒤적

1

한자말 인식하기

가정과 관계있는 한자말을 사전에서 찾아볼까? 같은 한자말이 들어간 낱말들을 묶어놓았지. 어떤 한자말인지 짐작해 빈칸에 써 봐!

부군(夫君) 명 남의 남편을 높여 이르는 말.
부부(夫婦) 명 남편과 아내를 아울러 이르는 말.
부처(夫妻) 명 남편과 아내를 높여 이르는 말.

남편 [부]

부인(婦人) 명 결혼한 여자, 아내.
신부(新婦) 명 갓 결혼해 아내가 되는 여자.

아내 [ ]

미혼(未婚) 명 아직 결혼하지 않음. 또는 그런 사람.
약혼(約婚) 명 결혼하기로 약속함.
청혼(請婚) 명 결혼하기를 청함.

혼인하다 [ ]

생산(生産) 명 사람이 생활하는 데 필요한 물건을 만들어 냄.
출산(出産) 명 아이를 낳음.
해산물(海産物) 명 바다에서 나는 동식물을 통틀어 이르는 말.

낳다, 나다 [ ]

교육(敎育) 명 지식과 기술 따위를 가르치며 인격을 길러 줌.
양육(養育) 명 아이를 보살펴 기르고 키우는 것.
체육(體育) 명 몸과 운동 능력을 기르기 위해 하는 활동.

기르다 [ ]

능글능글 사진전

능글능글이 바꿔 놓은 사진 제목들이야. 바꿔 놓은 글자를 짐작해 빈칸에 써 봐.

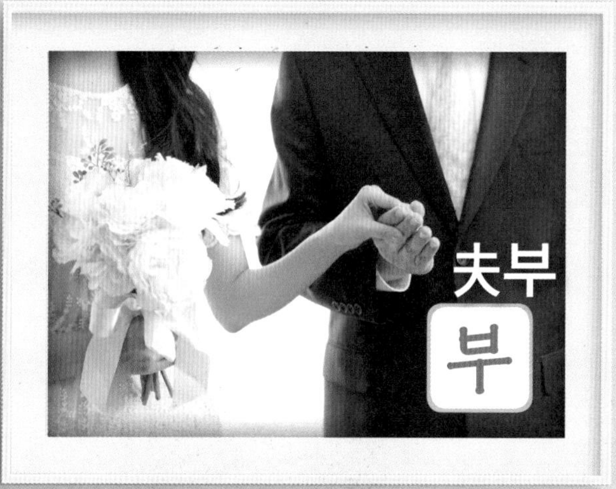

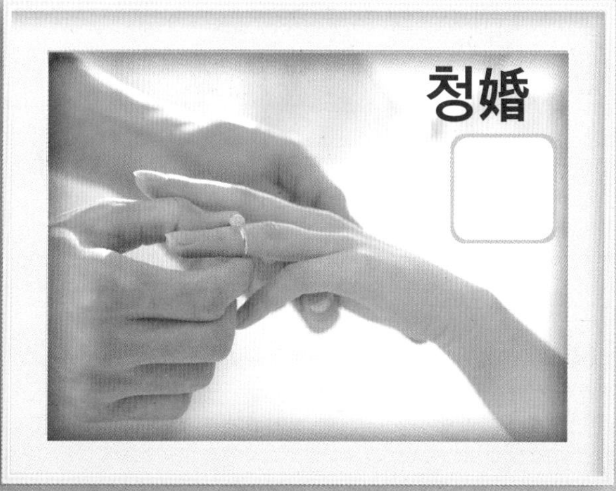

자큐멘타리

3

한자말 발견하기

내가 소중히 여기는 한자말들이요. 특별히 촬영해서 다큐멘터리로 꾸미려고 하오. 바꿔놓은 한자말을 빈칸에 써 보시오.

	부부 夫부	형부 형夫	매부 매夫	부
주부 주婦	부부 부婦	효부 효婦		
	결혼 결婚	약혼 약婚	미혼 미婚	
생산 생産	출산 출産	특산 특産		
	발육 발育	교육 교育	체육 체育	

4

한자말 발견하기

능글능글 필름

대단하군! 영화 필름에 담아 놓은 한자말이오. 빈칸에 알맞은 소리와 뜻을 써 보시오..

형부 : 언니의 남편
매부 : 누이의 남편
[부] 는 남편 !

형夫 : 언니의 남편
매夫 : 누이의 남편
夫는 [ ][ ] !

부부 : 남편과 아내
신부 : 갓 결혼해 아내가 된 이
[ ] 는 아내 !

부婦 : 남편과 아내
신婦 : 갓 결혼해 아내가 된 이
婦는 [ ][ ] !

약혼 : 혼인할 것을 약속함
신혼 : 갓 혼인한 상태
[ ] 은 혼인하다 !

약婚 : 혼인할 것을 약속함
신婚 : 갓 혼인한 상태
婚은 [ ][ ] 하다!

산고 : 아이를 낳을 때의 괴로움
산모 : 이제 막 아이를 낳은 여자
[ ] 은 낳다 !

産고 : 아이를 낳을 때의 괴로움
産모 : 이제 막 아이를 낳은 여자
産은 [ ][ ]

교육 : 사람을 가르치고 기르는 것
체육 : 몸을 튼튼하게 기르는 것
[ ] 은 기르다 !

교育 : 사람을 가르치고 기르는 것
체育 : 몸을 튼튼하게 기르는 것
育은 [ ][ ] 다 !

찾아내자 5

한자와 한자말 관계 알기

아니되겠구만. 한자 좀 볼 줄 안다는 거요? 이제 막 바뀌려는 한자말들이요. 한자를 찾아 색칠해 보시오.

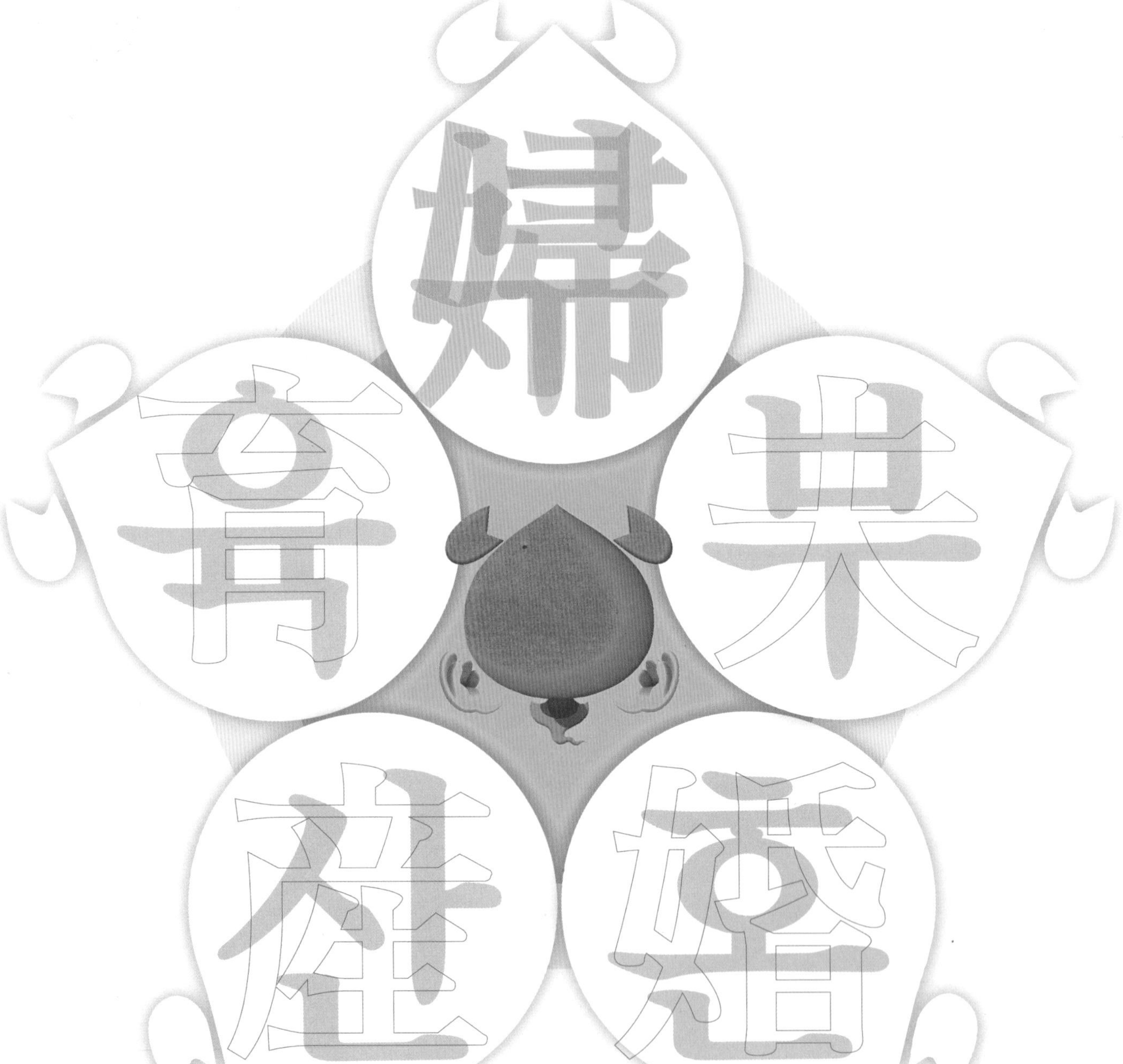

능글 노트북

깜놀인데! 능글 노트북을 본 적 없을 거요. 무슨 한자말을 바꾸려는 것인지 알아보겠소? 모니터의 한자말에 알맞은 한자 키를 찾아 ◯표 해 보시오, 험험.

별소리 딴소리

7

한자말 용법 알기

흠, 인정하기 싫지만 만만찮구만. 한자 하나를 내보이겠소. 세 개의 낱말 가운데 내보인 한자가 쓰이지 않은 낱말이 하나 있소. 골라내 ◯표 해 보시오.

夫

조카는 언니와 **형부**를 조금씩 닮았다.

문이 열려서 방 **내부**를 볼 수 있었다.

누나의 남편도, 여동생의 남편도 **매부**라 하지요.

남편 부

産

우리나라에서 **생산**된 물건이 아닌 것 같은데?

이게 **자연산** 송이버섯이라서 비싼가 봐.

화산이 터지는 바람에 큰 재앙을 입었다.

낳을 산

育

팔에 힘을 주자 **근육**이 불룩 두드러졌다.

누구나 소질과 능력에 따라 **교육**을 받을 수 있어야 한다.

어린이의 **발육**을 위해서는 운동이 매우 중요하다.

기를 육

婚

우리 집 거실 벽에는 엄마 아빠의 **결혼사진**이 걸려 있다.

난 사람에게는 **영혼**이 있다고 믿어!

그는 오랜 망설임 끝에 그녀에게 **청혼**을 하였다.

혼인할 혼

婦

이 이야기는 마지막 **부분**이 제일 재미있어요.

이 옷은 중년 **부인**에게 어울릴 거예요.

맞벌이 **부부**를 위한 간편 요리입니다.

아내 부

8 한자말 용법 알기

압축하셈

땀이 삐질삐질 나는구만. 이것도 해 보시오. 긴 말을 한자를 써서 짧게 줄이기 압축하셈이요. 빈칸에 알맞은 한자말을 써 보시오.

우리 언니는 사귀던 사람과 곧 혼인하기로 약속했답니다.

우리 언니는 사귀던 사람과 곧 約婚을 한답니다.

우리 언니는 사귀던 사람과 곧 [약][혼]을 한답니다.

이게 네가 태어나면서부터 써온 어린 아이를 기르는 일을 적은 일기란다.

이게 네가 태어나면서부터 써온 育兒 일기란다.

이게 네가 태어나면서부터 써온 [ ][아] 일기란다.

그 집 며느리는 온 마을에 소문난 효성스런 며느리인 걸.

그 집 며느리는 온 마을에 소문난 孝婦인 걸.

그 집 며느리는 온 마을에 소문난 [효][ ]인 걸.

'아내 부'는 '며느리 부'라고도 해. 아들의 아내가 며느리잖아.

공사장에서 품삯을 받고 일하는 사내들이 땀을 흘리며 벽돌 짐을 나른다.

공사장에서 人夫들이 땀을 흘리며 벽돌 짐을 나른다.

공사장에서 [인][ ]들이 땀을 흘리며 벽돌 짐을 나른다.

'남편 부'는 '사내 부'라고도 해. 힘든 일도 너끈하게 하는 남자 어른을 뜻하지.

의사는 아이를 갓 낳은 어머니와 아기가 모두 건강하다고 말했다.

의사는 産母와 아기가 모두 건강하다고 말했다.

의사는 [ ][모]와 아기가 모두 건강하다고 말했다.

한자말랩

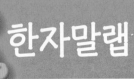

불안해지는구만. 한자말랩을 해 봅시다. 운으로 삼은 한자말과 같은 것을 찾아 ◯표 해 보시랩!

남편 부 夫 — 전부 순두부 먹는 부부!

아내 부 婦 — 여장부 대장부 신혼부부!

혼인할 혼 婚 — 황혼 무렵 청혼했지, 들뜬 영혼!

낳을 산 産 — 싸게 잘 산 한라산 특산!

기를 육 育 — 제육볶음 근육 발육!

10

한자말 용법 알기

긴 뜻 짧은 말

예상 밖이구만! 위쪽 글에 표시된 말을 한자말 하나로 바꿔 쓸 수 있겠소? 아래쪽 글에 답이 있소. 찾아내 ○표 해 보시오.

누구긴 누구야, 좀 있으면 네 **언니의 남편**이 될 사람이지.

그럼 이제부터 (형부)라고 불러도 되겠어요?

파격 세일! **살림하는 여자**를 위한 최고의 전기 드라이버!

주부도 남편도 쉽게 쓸 수 있어요.

아빠, 엄마한테 언제 **결혼하자고 청**했어요?

얘야, 청혼을 한 건 내가 아니라 네 엄마란다.

아이 낳을 때 고통이 얼마나 크면 저렇게 소리를 지르겠니?

남자들은 산통이 얼마나 괴로운지 죽었다 깨도 몰라.

아이들을 **가르치고 기르는 일**이 제 적성에 맞아요.

예로부터 교육은 백년 앞을 생각해야 하는 일이라고 한다.

같은 소리 다른 말

11

한자말 적용하기

어흐흑, 이렇게 능하다니. 내가 한자말 낱말 풀이를 내보이지. 두 개의 글 가운데 내보인 한자말을 찾아 ◯표 해 보시오.

夫人

남의 아내를 높여 이르는 말, 부인

자기 아기를 업고 있는 분이 선생님 부인이 맞죠?
그런데 저 분은 그렇지 않다고 부인하고 있는데요!

新婦

갓 결혼하여 아내가 된 여자, 신부

제 신부가 될 사람을 위해서 기도를 해주실 수 있을까요?
새로 오신 우리 성당 신부님에게 부탁하시는 게 좋겠습니다.

婚需

혼인에 드는 물품, 혼수

아무리 생각해도 분에 넘치는 혼수인 것 같아.
그대로 다 마련하다가는 내가 혼수상태가 되겠다.

量産

많이 만들어 냄, 양산

사장님, 이번에 내놓은 양산이 반응이 좋다고 합니다!
하루빨리 양산해서 시장에 내놓아야 할 것 같습니다.

育成

길러 다 자라게 함, 육성

마이크 없이 육성으로 말할 테니 조용히 잘 들으세요!
우리도 체육 영재를 육성하기 위해 체육관을 짓겠습니다.

하나를 알면 둘은

못 당하겠구만. 이것마저 할 수 있을까? 내가 바꾸려는 한자말이 무엇인지 짐작하여 써 보시오. 한 글자는 본 적이 없으니 매우 어렵지요? 으하하!

털빛이 흰 말은 **백마**
나무로 깎아 만든 말은 **목마**
하늘을 나는 말은 **천마**
…그럼,

말을 부리는 일꾼은?

馬 夫

마 부

음식을 먹는 일은 **식사**
곡식이나 채소를 기르는 일은 **농사**
토목이나 건축 따위의 일은 **공사**
…그럼,

혼인에 관한 일은?

婚 事

물에서 헤엄치는 것은 **수영**
물이 세게 흐르는 힘은 **수력**
물의 위나 표면은 **수면**
…그럼,

바다나 강의 물에서 나는 것은?

水 産

건강을 지키는 일은 **보건**
물건을 지키는 일은 **보관**
위험에서 지키는 일은 **보호**
…그럼,

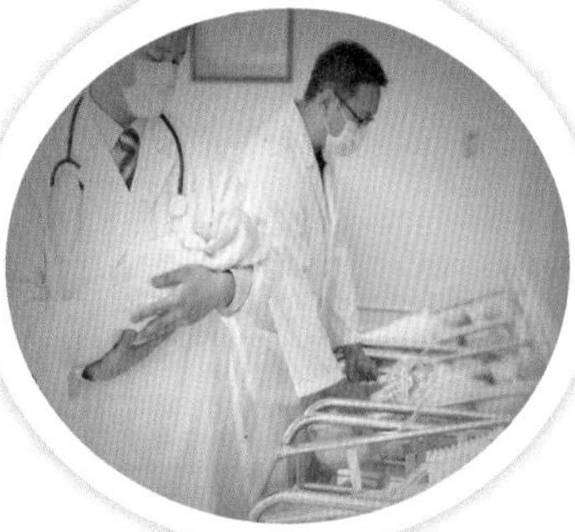

지키고 기르는 일은?

保 育

한자두말

이런, 이런, 백전백패라니! 이것도 할 수 있소? 때에 따라 두말하는 한자가 있소. 夫가 그렇고, 産이 그렇지. 글에 알맞게 한자말을 써 넣어 보시오.

누이 **妹夫**
매부
누이의 남편이겠지?

고기 **漁夫**
어부
고기 잡는 남편이냐고? 고기잡이를 일삼은 일꾼이라는 뜻. 남편 부는 일꾼 부로도 쓰이지.

어른 **丈夫**
장부
어른 남편이냐고? 다 자라 어른이 된 튼튼한 남자라는 뜻이지. 남편 부는 장정 부로도 쓰이지.

홍길동이 어느새 다 자라 늠름한 [ ]부가 되었다네.

누이 좋고 [ ]부 좋고, 꿩 먹고 알 먹고!

저만큼서 고깃배가 지나가며 [ ]부가 손을 흔들었다.

날 **出産**
출산
아이를 낳는다는 뜻이겠지?

특별할 **特産**
특산
한 지역에서 특별히 나는 물건.

아니 움직일 **不動産**
부동산
움직일 수 없는 재산! 산은 재산이라는 뜻도 있어.

다음달 20일이 둘째 [ ]산 예정일입니다.

제주도 [ ]산 감귤은 세계적으로 이름이 높다.

건물이나 상점 같은 [ ][ ]산에 투자해 보세요.

설마 한자말

망했군, 망했어. 한자말 폭탄을 던지겠소. 5개의 힌트를 주겠소. 어떤 낱말인지 써 보시오. 제대로 못 쓰면… 쾅! 으하하!

1
학생들이 가장 많이 하는 것

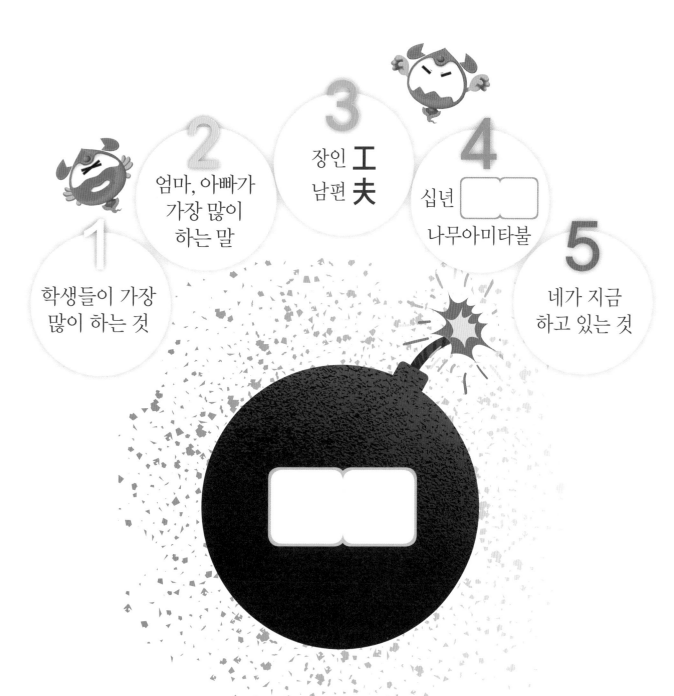

2
엄마, 아빠가 가장 많이 하는 말

3
장인 工
남편 夫

4
십년 □□
나무아미타불

5
네가 지금 하고 있는 것

획획주문

15

한자말 지식 익히기

앞에서 읽어 낸 한자말은 능글능글이 더 이상 건드리지 않을 거야.

뜻과 소리를 외면서 한자를 획획 쓰면 확실히 그렇게 되지.

一 二 夫 夫

夫 夫 夫

夫 남편 부

育 育 育

育 기를 육

産 産 産

産 낳을 산

婚 婚 婚

婚 혼인할 혼

婦 婦 婦

婦 아내 부

느낌에 대한 능글능글 한자말을

뎅글뎅글 읽어내자.

한 소리 한 뜻

1 한자말 인식하기

이번 한자말 사건은 느낌이나 마음에 관한 것이야. 마음 단단히 먹어! 먼저 세 개의 한자말의 뜻과 어울리는 낱말을 찾아 ◯표 해 봐.

고마워요 감사	울먹울먹 감동	짜릿짜릿 감각	→ 느끼다 / 익히다 / 슬프다
놀이 오락	아주 신나 쾌락	편해요 안락	→ 해치다 / 즐겁다 / 지겹다
치솟아 급증	후다닥 급성	뚝 떨어져 급락	→ 신나다 / 급하다 / 고맙다
짜릿해요 쾌감	좋아 좋아 쾌락	시원해 쾌변	→ 기쁘다 / 예쁘다 / 바쁘다
꿈 깨 악몽	깡패야 악당	소문나 악명	→ 나쁘다 / 가쁘다 / 의롭다

능글능글 광고

능글능글이 바꿔놓은 가구점 광고야. 바꿔 놓은 글자가 원래 어떤 글자인지 짐작해 빈칸에 써 주심!

그림자

능글능글한 맛을 느끼게 해 드리지. 내가 밤새 바꾼 글자들이요. 어떤 글자를 바꿨는지 알아맞춰 보시오. 아차, 낮이라 그림자가 드리워져 있군.

感사 感격 感동 → 감

극樂 오樂 쾌樂 → □

急증 急성 急속 → □

흉惡 최惡 죄惡 → □

快감 快활 快락 → □

4

한자말 발견하기

그렇다면 말이야

제법 글 좀 볼 줄 아시는구만. 그렇다면 내가 하는 말을 받아, 뒷말에 알맞은 글자를 써 보시오.

예感은 **예감**이고, 미리 **느낌**
호感은 **호감**이고, 좋게 **느낌**
동感은 **동감**이고, 같이 **느낌**

感은 [감]이라 읽고 **느끼다**라는 뜻이다.

안樂은 **안락**이고, 편하고 **즐거움**
쾌樂은 **쾌락**이고, 기쁘고 **즐거움**
극樂은 **극락**이고, 지극한 **즐거움**

樂은 [ ]이라 읽고 **즐겁다**라는 뜻이다.

急구는 **급구**이고, **급하게** 구함
急속은 **급속**이고, **급한** 속도
急증은 **급증**이고, **급하게** 늘어남

急은 [ ]이라 읽고 **급하다**라는 뜻이다.

선惡은 **선악**이고, 착하고 **나쁨**
최惡은 **최악**이고, 가장 **나쁨**
흉惡은 **흉악**이고, 흉하고 **나쁨**

惡은 [ ]이라 읽고 **나쁘다**라는 뜻이다.

불快는 **불쾌**이고, 아니 **기쁨**
통快는 **통쾌**이고, 아프도록 **기쁨**
경快는 **경쾌**이고, 가볍게 **기쁨**

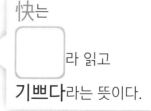

快는 [ ]라 읽고 **기쁘다**라는 뜻이다.

한자 QR코드

한자로 된 낱말을 담은 한자 QR코드요. 핸드폰을 갖다 대면 우리말로 번역되지. 어떤 말인지 핸드폰 빈칸에 써 보시오.

娛樂室 感情

痛快 自信感 罪惡

凶 不
惡 極 快
氾 樂 感

救急車

急
行

오[락]실 감정

통쾌 자신[ ] 죄악

흉 불
[ ] 극 [ ]
범 락 감

구[ ]차

급
행

6

한자와 한자말 관계 알기

눈썰미 도장

한자의 '뜻과 소리'를 새긴 도장이요. 콱 찍으면 뜻과 소리가 저절로 한자로 바뀌지. 제대로 찍힌 한자를 찾아내 ◯표 해 보시오. 눈썰미만 있으면 쉽다고? 과연?

느낄 감: 感 惑 盛 咸

즐길 락: 案 集 樂 染

급할 급: 窓 急 惹 慧

나쁠 악: 恩 惡 惠 患

기쁠 쾌: 抉 怪 性 快

별소리 딴소리

7

한자말 용법 알기

느낌이 좋지 않구만. 이것도 할 수 있소? 한자 하나를 내보이겠소. 세 개의 낱말 가운데 내보인 한자가 쓰이지 않은 낱말이 하나 있소. 골라내 ◯표 해 보시오.

즐길 樂

그는 등받이가 달린 푹신한 **안락의자**에 앉아 있었다.

우연한 기회로 오랜 친구와 **연락**이 닿았다.

야호! 이번 시간만 지나면 즐거운 **오락** 시간이다.

느낄 感

탁자에는 **단감** 두 개가 올라 있었다.

나영이는 학급 회장으로서 **책임감**을 느끼고 있었다.

어버이날, 아이의 선물에 엄마는 **감격**해 울먹였다.

기쁠 快

경쾌한 느낌을 주는 음악을 즐겨 듣는 편이에요.

북어를 스무 마리씩 묶은 것을 북어 한 **쾌**라고 해.

진형이는 형편은 어렵지만 늘 **쾌활**하고 밝은 친구예요.

급할 急

버스가 **급정거**하는 바람에 승객들이 앞으로 넘어졌다.

여름철 계곡에서 물놀이 할 때는 **급류**를 조심해야 한다.

우리가 묵게 될 곳은 **고급** 호텔이었다.

나쁠 惡

큰 **악어**가 입을 쫙 벌리고 달려들었다.

사람에게는 천사와 **악마**, 두 가지 모습이 다 있다.

어벤져스 영화에는 타노스라는 무시무시한 **악당**이 등장한다.

8

한자말 용법 알기

축소하셈

느낌 싸아하구만. 한자를 써서 짧게 줄여 쓰는 압축하셈보다 한 단계 센 축소하셈이요. 어디 한번 해 보시오. 빈칸에 알맞은 한자말을 써 보시구랴.

내 짝은 장난을 잘 하기로 나쁘게 소문난 이름이 높다.

나쁘다 이름

내 짝은 장난을 잘 하기로 [악][명]이 높다.

내 짝은 장난을 잘 하기로 惡名이 높다.

인터넷 게임은 잠깐의 기쁘고 즐거움을 줄 뿐입니다.

기쁘다 즐겁다

인터넷 게임은 잠깐의 [ ][ ]을 줄 뿐입니다.

인터넷 게임은 잠깐의 快樂을 줄 뿐입니다.

세계 인구의 갑작스럽게 늘어남으로 식량이 부족하게 되었대요.

갑작스럽다 늘어나다

세계 인구의 [ ][증]으로 식량이 부족하게 되었대요.

세계 인구의 急增으로 식량이 부족하게 되었대요.

급할 급은 갑작스럽다는 뜻도 있지.

공포 영화를 보면 긴장감과 시원한 느낌을 맛볼 수 있어서 좋아해요.

시원하다 느끼다

공포 영화를 보면 긴장감과 [ ][ ]을 맛볼 수 있어서 좋아해요.

공포 영화를 보면 긴장감과 快感을 맛볼 수 있어서 좋아해요.

기쁠 쾌는 시원하다는 뜻도 있어.

오락가락 읽기

크으, 완전히 망할 것만 같구만. 樂은 때에 따라서 '락' '낙' '악' 세 가지로 읽는다는 것은 꿈에도 몰랐을 것이오. 樂이 들어간 낱말을 제대로 읽어 보시오.

樂은 보통 '락'으로 읽지, 아마?

안 락 의 자

樂은 낱말 첫머리에서 '낙'으로 읽어.

원

천 적

음 회

樂은 노래나 음악을 뜻할 때 '악'으로 읽어.

보

으악오악 일기

으악, 오락가락하는 樂을 다 읽어 내다니! 그럼 惡은 어떨까? 아래 글의 '惡' 가운데 '오'로 읽어야 하는 것을 골라 ◯표 해 보시오.

惡은 '악', '오' 이렇게 두 가지로 읽어.
나쁘다, 악하다는 뜻일 땐 나쁠 '악', 미워하다는 뜻일 땐 미워할 '오'

범인은 소리치며 온갖 **발惡**을 다 하더니 잠잠해졌다.

그의 마음에는 세상에 대한 **혐惡**로 가득차 있는 것 같았다.

선惡을 구별할 줄도 모르는 것 같았다.

내가 본 사건 가운데 **최惡**이었다.

죄는 미워하되 사람은 미워하지 말라고 한다.

증惡는 **증惡**를 낳기 때문이다.

흉惡한 죄는 엄하게 다스리는 것이 마땅하지만, 그보다 먼저 그가 스스로 **죄惡**을 깨닫고 용서를 구하기를 바랐다.

발惡
성이 나서 제멋대로 나쁜 짓을 함

혐惡
싫어하고 미워하는 것

선惡
착한 것과 나쁜 것

최惡
가장 나쁨

증惡
싫어하고 미워함

흉惡
몹시 사납고 나쁘다

죄惡
죄가 될 만한 나쁜 짓

하나를 알면 둘을

11

한자말 적용하기

하나를 배우면 둘을 깨친다더니! 이건 더욱 어려울 거요. 내가 바꾸려는 두 글자 한자말이 무엇인지 짐작해 써 보시오. 한 글자는 배운 적이 없는 것이요, 히히,

바람의 빠르기는 풍속
매우 빠른 빠르기는 고속
빛의 빠르기는 광속
그럼,

매우 급한 빠르기는?

急 速
급 속

전쟁에 사용되는 기구는 무기
음식 먹는데 사용하는 기구는 식기
똥오줌을 눌 때 쓰는 기구는 변기
그럼,

음악을 하는 데 쓰는 기구는?

樂 器
☐ ☐

어떤 일에 알맞은 성질은 적성
별나거나 특수한 성질은 특성
본디 가지고 있는 성질은 본성
그럼,

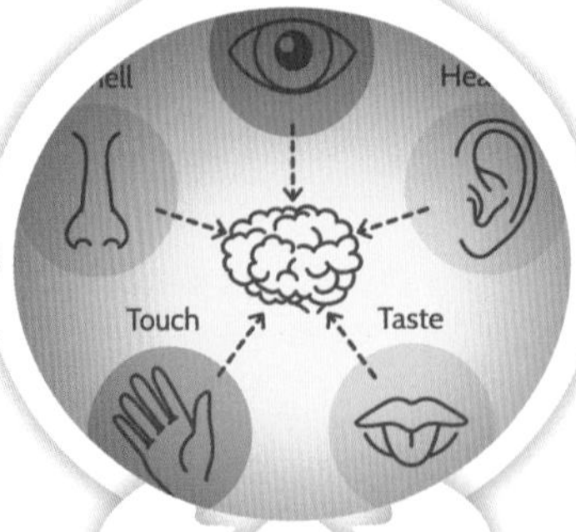

어떤 자극을 느끼는 성질은?

感 性
☐ ☐

나이가 적은 아이는 아동
재주가 남다른 아이는 신동
가축을 돌보는 아이는 목동
그럼,

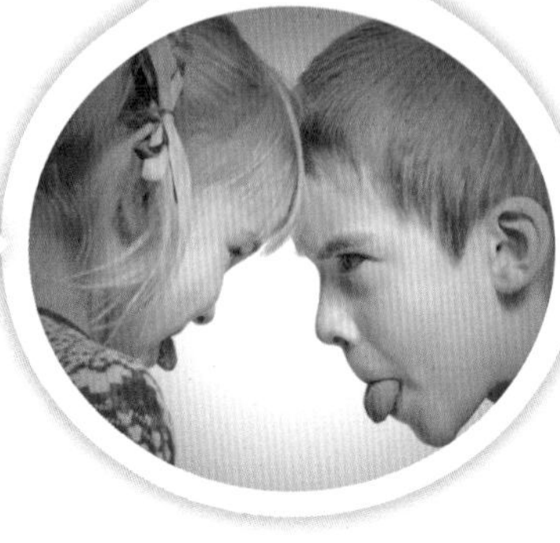

장난이 심한 나쁜 아이는?

惡 童
☐ ☐

12

한자말 적용하기

괄호 속 말

인정하지 않으려 했건만! 하지만 아직 끝나지 않았소. 표시된 한자말을 살펴보고, 글의 뜻에 알맞은 한자말을 골라내 ◯표 해 보시오.

산에 오르기 전에 **구급** { 救急 (구하다 급하다) / 九級 (아홉 등급) } 가방은 챙겼는지 확인하세요.

자주 대화를 나누면 친밀한 **교감** { 交感 (사귀다 느끼다) / 校監 (학교 보다) } 을 나누게 된다.

연기를 하는 배우라면 **감정** { 鑑定 (거울 놓다) / 感情 (느끼다 뜻) } 이 풍부해야 한다.

인터넷에 글을 올리자마자 **악성** { 惡性 (나쁘다 성품) / 樂聖 (노래 성인) } 댓글이 달렸다.

한 자 말 그라피티

너무 으스대지 마시오. 내가 취미로 하는 한 자 말 그라피티요. 한 자로도 넉넉히 한자말이 되는 것이오. 글에 알맞은 한자말을 찾아 ○표 해 보시오.

"急感惡樂(快)히 승낙하다."

"전화가 急感惡樂快이 멀다."

"고생 끝에 急感惡樂快이 온다."

"急感惡樂快히 서두를 것이 없다."

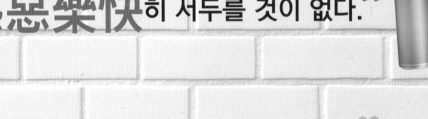

"좀 늦은 急感惡樂快이 있다."

14 능글능글 수수께끼

한자말 지식 익히기

흠, 글자 수수께끼로 놀아 봅시다. '감이 있으면' 이렇게 말하면 먹는 감이 있다는 것일까요, 感이 있다는 것일까요? 이렇게 한번 놀아 볼까요?

칼국수에 넣어 먹는
작은 조개는

바지락

칼국수의 바지락
먹는 **즐거움**은

바 지 樂

말의 한 글자나 부분을
세게 소리내는 것은

악센트

말의 한 글자나 부분을
나쁘게 소리 내는 것은

惡 트

너무 놀라서 지르는
비명소리는

으아악

너무 **나빠서** 지르는
비명소리

아 惡

아이들이 가지고
노는 여러 물건은

장난감

아이들이 여러 물건을
가지고 놀 때 **느낌**은

난 感

오르락내리락하는
놀이 기구는 바이킹

바이킹 타는 **즐거움**은

오 樂 리 樂

획획주문

15

한자말 지식 익히기

앞에서 읽어 낸 한자말은 능글능글이 더 이상 건드리지 않을 거야.

뜻과 소리를 외면서 한자를 획획 쓰면 확실히 그렇게 되지.

丿 厂 厂 后 后 后 咸 咸 咸 咸 感 感 感

感 感 感

느낄 감

丿 亻 白 白 白 绐 绐 绐 䋺 𢇁 𢇁 樂 樂 樂 樂

樂 樂 樂

즐길 락

丿 ク 彑 刍 刍 刍 急 急 急

急 急 急

급할 급

一 丅 丅 丅 亞 亞 亞 亞 亞 惡 惡 惡

惡 惡 惡

악할 악

丶 丶 忄 忄 忄 快 快

快 快 快

기쁠 쾌

빛깔에 대한 능글능글 한자말을
뎅글뎅글 읽어내자.

때깔 좋은 한자말

1 한자말 인식하기

빛깔 한자말을 찾으러 가 보자. 한 줄에 놓인 한자말 세 개를 살펴봐. 떠오르는 빛깔이 있을 거야. 어떤 빛깔인지 써 봐.

백조 白	백마 白	백지 白	흰 색
흑설탕 黑	흑판 黑	암흑 黑	( ) 정 색
청바지 靑	청포도 靑	청와대 靑	( ) 른 색
황금 黃	황사 黃	황토 黃	( ) 란 색
빨강색 色	노랑색 色	파랑색 色	삼 ( ) 색

능글능글 빛깔 때깔

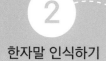

능글능글이 바꿔 놓은 빛깔 한자말들이야. 바꿔 놓은 글자가 무엇인지 짐작하겠지? 알맞은 글자를 빈칸에 써 봐.

능글능글 동영상

본때를 보여주겠소. 내 특별히 동영상으로 찍어 보관하던 빛깔 한자말이오. 어떤 글자를 바꾼 것인지 알겠소? 안다면 빈칸에 써 보시오, 흥!

특色 ○○있는 옷차림	염色 머리에 ○○을 해	채色 여러 색으로 ○○ 하시오	색
白반 찌개 ○○ 맛나식당	白합 ○○ 한 단 선물하세요	白발 ○○이 성성한 전문가들	
黑인 최초의 ○○ 대통령으로	黑판 ○○과 칠판은 무슨 차이?	암黑 정전으로 ○○에 빠진 거리	
靑년 ○○ 사업가 신승준 씨 28세	靑룡 좌○○ 우백호	靑바지 활동이 편한 ○○○	
黃토 ○○ 흙침대! 특가 판매	黃금 ○○ 같은 세월	주黃 노랑+빨강 = ○○	

4
한자말 발견하기

한자말 분자식

빈틈이 없어 보이는구려, 끙. 한자말 분자식이오. 이렇게 어려운 한자말 분자식을 쉽게 풀진 못하겠지. 분자식을 보고 빈칸에 알맞은 말을 써 보시오.

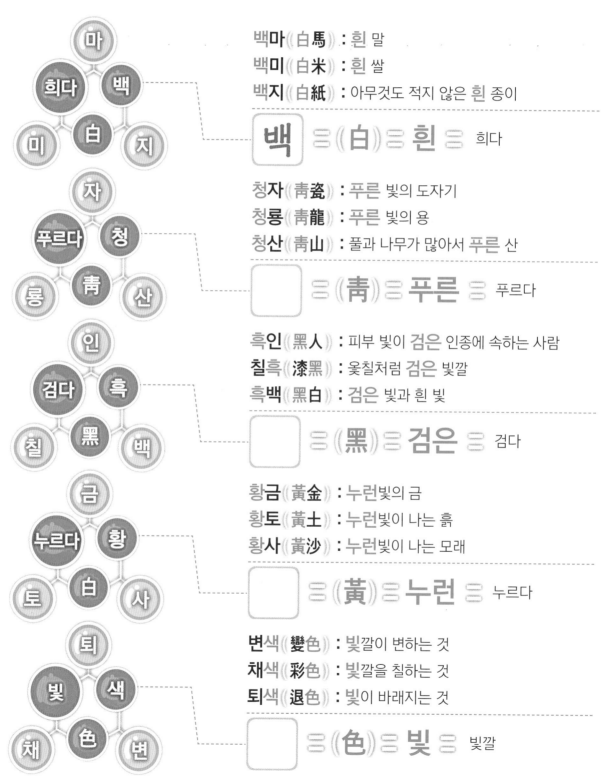

백마(白馬) : 흰 말
백미(白米) : 흰 쌀
백지(白紙) : 아무것도 적지 않은 흰 종이

백 = (白) = 흰 = 희다

청자(青瓷) : 푸른 빛의 도자기
청룡(青龍) : 푸른 빛의 용
청산(青山) : 풀과 나무가 많아서 푸른 산

☐ = (青) = 푸른 = 푸르다

흑인(黑人) : 피부 빛이 검은 인종에 속하는 사람
칠흑(漆黑) : 옻칠처럼 검은 빛깔
흑백(黑白) : 검은 빛과 흰 빛

☐ = (黑) = 검은 = 검다

황금(黃金) : 누런빛의 금
황토(黃土) : 누런빛이 나는 흙
황사(黃沙) : 누런빛이 나는 모래

☐ = (黃) = 누런 = 누르다

변색(變色) : 빛깔이 변하는 것
채색(彩色) : 빛깔을 칠하는 것
퇴색(退色) : 빛이 바래지는 것

☐ = (色) = 빛 = 빛깔

한자 복권

으윽, 어째 예감이 좋질 않구만. 내가 바꾼 한자말을 기념하기 위해 만든 복권이요. 동전으로 긁는 것 말이오. 내 좀 긁다 말았소. 어떤 한자말인지 빈칸에 써 보시오.

염색 色 머리 물들이기	色 색연필 심이 여러 빛깔로 된 연필	색
白 백지장 낱장의 흰 종이	白 백금 하얀 색의 금	
黃 황혼 해가 지고 조금씩 어두워지는 때	黃 황금기 가장 좋은 시기	
靑 청소년 어른이 되지 않은 젊은이	靑 청춘 젊은 시절	
암흑 黑 캄캄한 어둠	黑 흑염소 털 빛깔이 검은 염소	

찾아내자

눈치인가, 실력인가 고민이 되는구만. 스캔을 뜨고 있소. 모양이 비슷한 한자들만 모았소. 핸드폰에 보인 뜻과 소리를 보고 알맞은 한자를 찾아 ◯표 하시오.

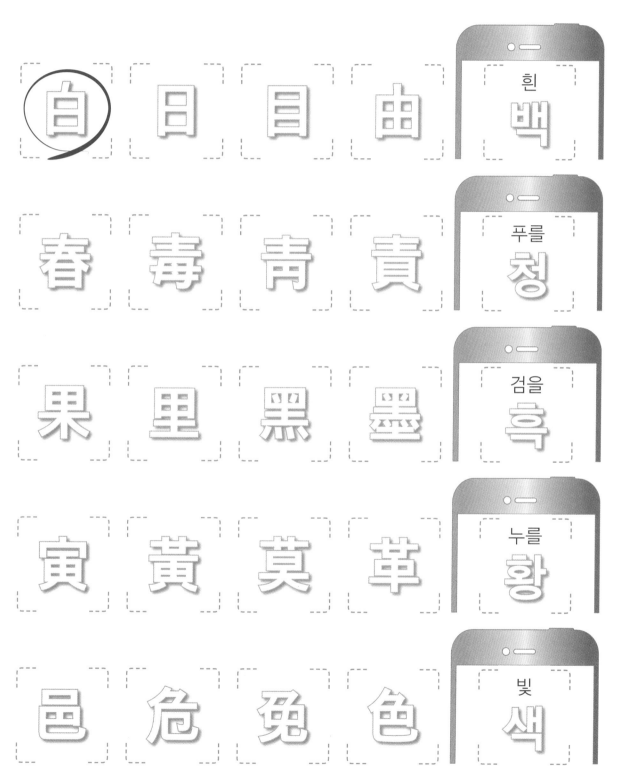

白	日	目	由	흰 백
春	毒	靑	責	푸를 청
果	里	黑	墨	검을 흑
寅	黃	莫	革	누를 황
邑	危	免	色	빛 색

속 다른 소리

7
한자말 용법 알기

눈썰미 하나는 꽤 괜찮소이다. 그럼, 겉은 같아도 속뜻은 다른 글자를 골라낼 수 있소? 주어진 한자가 없는 낱말을 골라 ○표 해 보시오.

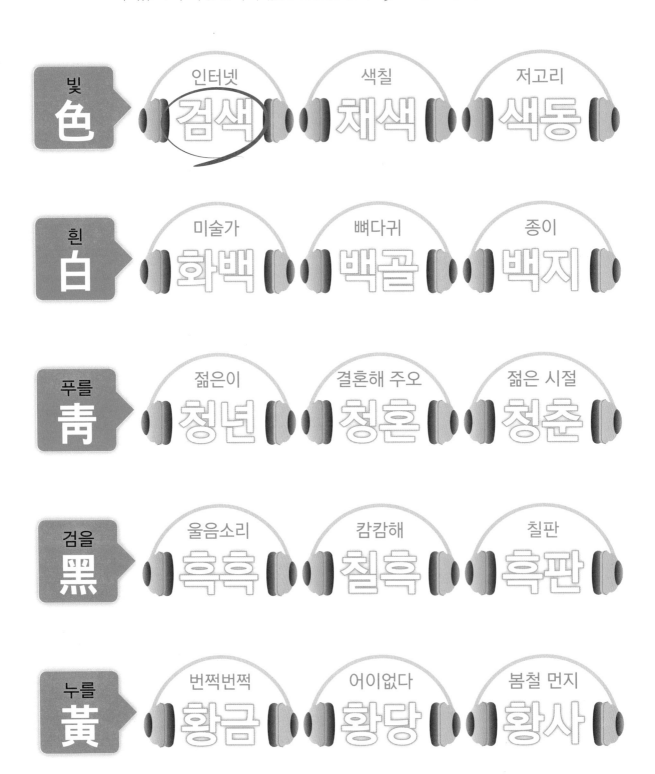

한자			
빛 色	인터넷 검색	색칠 채색	저고리 색동
흰 白	미술가 화백	뼈다귀 백골	종이 백지
푸를 靑	젊은이 청년	결혼해 주오 청혼	젊은 시절 청춘
검을 黑	울음소리 흑흑	캄캄해 칠흑	칠판 흑판
누를 黃	번쩍번쩍 황금	어이없다 황당	봄철 먼지 황사

한자말.ZIP

내가 얕봤군! 좋소. 기다란 말도 한자를 써서 짧게 줄이는 새 비법, 한자말 압축파일 만들기요. 빈칸에 알맞은 한자말을 써 넣어 보시오.

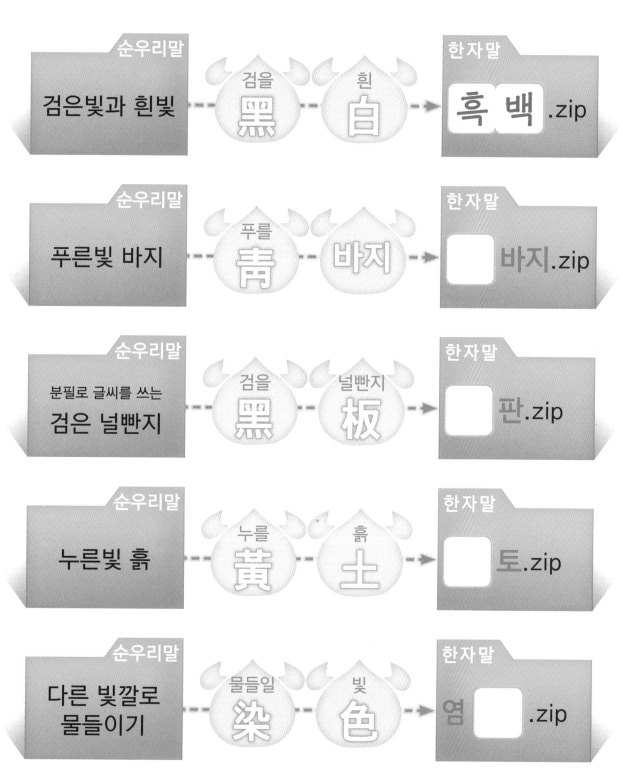

순우리말			한자말
검은빛과 흰빛	검을 黑	흰 白	흑 백.zip
푸른빛 바지	푸를 靑	바지	□ 바지.zip
분필로 글씨를 쓰는 검은 널빤지	검을 黑	널빤지 板	□ 판.zip
누른빛 흙	누를 黃	흙 土	□ 토.zip
다른 빛깔로 물들이기	물들일 染	빛 色	염 □.zip

이白저白

크으윽, 큰일이구만. 쓸모가 많은 '흰 白'의 여러 가지 뜻을 알 수 있겠소? 설명을 살펴보고, 白의 여러 뜻을 짐작해 써 보시오. 쉽지 않을 것이오.

白

밝 다

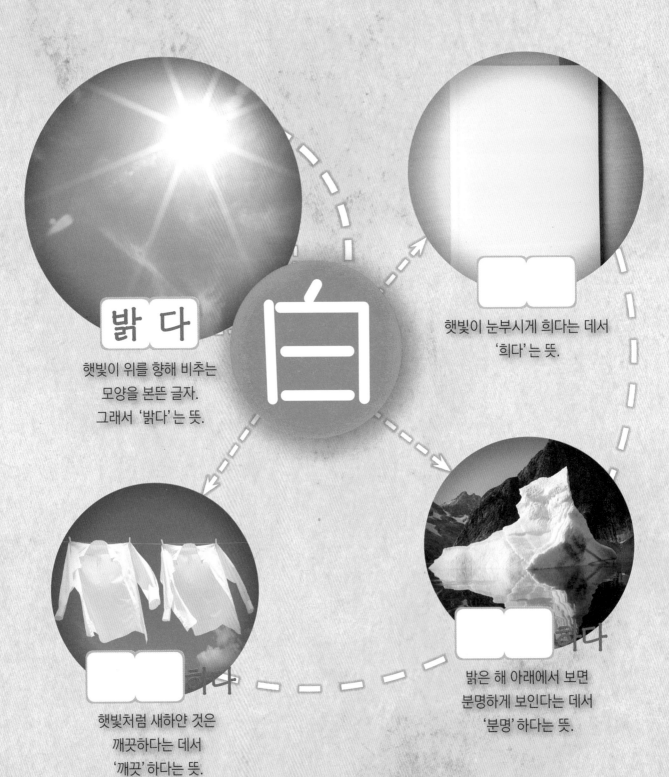

햇빛이 위를 향해 비추는 모양을 본뜬 글자. 그래서 '밝다'는 뜻.

☐☐

햇빛이 눈부시게 희다는 데서 '희다'는 뜻.

☐☐하다

햇빛처럼 새하얀 것은 깨끗하다는 데서 '깨끗'하다는 뜻.

☐☐하다

밝은 해 아래에서 보면 분명하게 보인다는 데서 '분명'하다는 뜻.

백자 빼자

아, 또 또! 이거 원. 이렇게 어려운 '白'의 뜻을 알아본 게 맞소? 확인해 봅시다.
'白'의 여러 가지 뜻을 내보였소. 내보인 뜻으로 쓰인 한자말을 골라 ○표 해 보시오.

깨끗하다

아무 죄도 없음	흰 말	고니
潔白 결백	白馬 백마	白鳥 백조

희다

소복소복	대낮	뚜렷해
白雪 백설	白日 백일	明白 명백

분명하다

이것도 맞들자	의심할 데 없이	조선시대 도자기
白紙 백지	明白 명백	白磁 백자

밝다

뼈다귀	뚜렷해	훤한 낮
白骨 백골	明明白白 명명백백	白日 백일

한자말랩

헐, 기분이 우울하오. 어디 랩 배틀 한판 벌여 봅시다! 빛깔 한자를 운으로 삼았소. 운으로 삼은 한자가 들어간 낱말을 찾아 ○표 해 보시오.

빛 色 — (가지각색) 사람들, 어색한 건 아주 질색

푸를 靑 — 절집 단청 보러오시라 시청에서 초청!

누를 黃 — 건널목 신호등 주황, 어찌된 상황 아주 당황!

흰 白 — 우리 동생 백일잔치 떡 백화점 백설기

12

한자말 적용하기

긴 뜻 짧은 말

정말 말도 안 돼. 조금만 더 두고 봅시다, 그려. 윗글에 표시된 말을 한자말로 바꿔 쓸 수 있소? 아랫글에 답이 되는 낱말을 숨겨두었소. 찾아서 ◯표 하시오.

할머니께서 어디가 아픈지 얼굴빛이 창백해 보였다.

할머니 안색이 좋지 않으시네요. 어디 불편하신가요?

머리카락이 흰 걸 보니 나이가 많이 드신 분 같네요.

그렇지 않아. 백발이긴 해도 얼굴은 젊은 사람 같아.

이 그림은 캄캄한 어둠의 지옥을 그린 것이다.

정말 기분이 암흑 속에 빠져드는 것 같아요.

중국에서 날아온 누런 모래가 하늘을 가득 메우고 있습니다.

외출하시기 전에 황사 방지 마스크 꼭 준비하셔야겠습니다.

한자두말

정말 잘하는군! 色자는 몽땅 빛깔을 나타낼 것 같지요? 천만에! 속뜻이 달라지는 한자말들이 있다오. 한자말 풀이를 보고 알맞은 한자말을 골라 써 보시오.

正色 바를 빛
정색
바른 빛이냐고? 천만에. 태도를 바꿔 엄격하게 표정을 짓는 것이올시다.

特色 특별할 빛
특색
특별할 빛이냐고? 천만에. 다른 것과 견주어 특별히 다른 점이올시다.

具色 갖출 빛
구색
갖춘 빛이냐고? 천만에. 여러 가지 물건을 어울리게 고루 갖춘 것이올시다.

名色 이름 빛
명색
이름 빛이냐고? 천만에. 실속 없이 이름뿐인 겉모양이올시다.

生色 날 빛
생색
난 빛이냐고? 천만에. 지나치게 체면을 내세우거나 자랑하는 태도올시다.

그는 웃지도 않고 [정][색]을 하며 대꾸하였다.

반주가 있으면 노래를 해야 [ ][색]이 맞지.

도로, 철도, 해상, 항공 교통은 각각 [ ][색]이 있다.

아무리 그래도 [ ][색]이 손님인데 제대로 대접해야지.

일은 하지도 않고 [ ][색]만 내는 형이 미웠습니다.

옛사람 한자말

으윽, 원통하오. 빛깔 한자말은 예부터 많이 쓰던 말이지. 오래 전부터 내려온 낱말 가운데 빛깔 한자말을 찾아볼까? 빈칸에 들어갈 말을 써 보시오!

푸른 한 점

여자들 사이에 끼어 있는 남자 한 명

青一點 청 일 점

밝은 대낮에 꾸는 꿈

이룰 수 없는 헛된 꿈

□ 일 몽

白日夢

풀과 나무는 같은 빛깔

처지가 같은 사람들끼리 함께 함을 빗댄 말

초록은 동 □

同色

푸른 빛깔의 사진

설계도 등을 복사할 때 쓰이는 사진, 희망찬 계획

□ 사 진

青寫眞

획획주문

15

한자말 지식 익히기

앞에서 읽어 낸 한자말은 능글능글이 더 이상 건드리지 않을 거야.

뜻과 소리를 외면서 한자를 획획 쓰면 확실히 그렇게 되지.

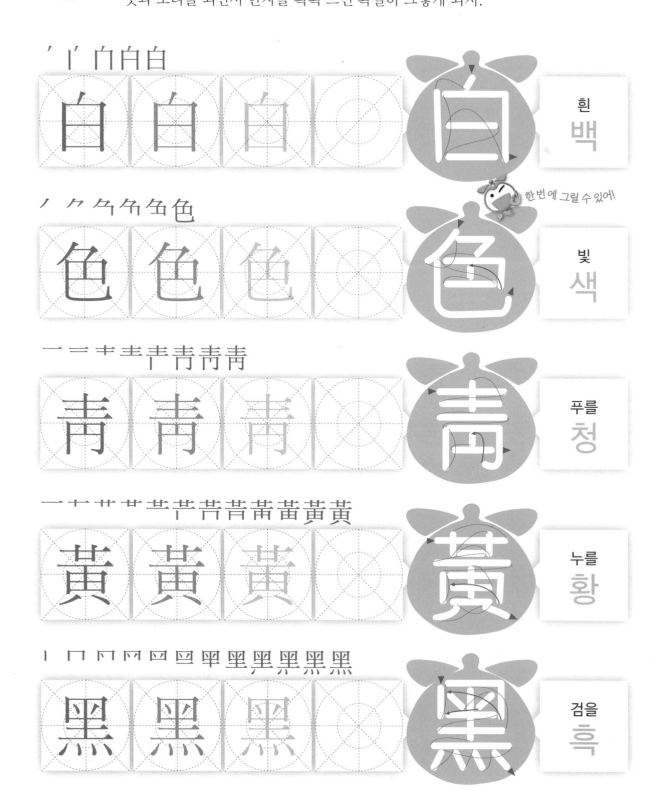

白 白 白

흰 백

色 色 色

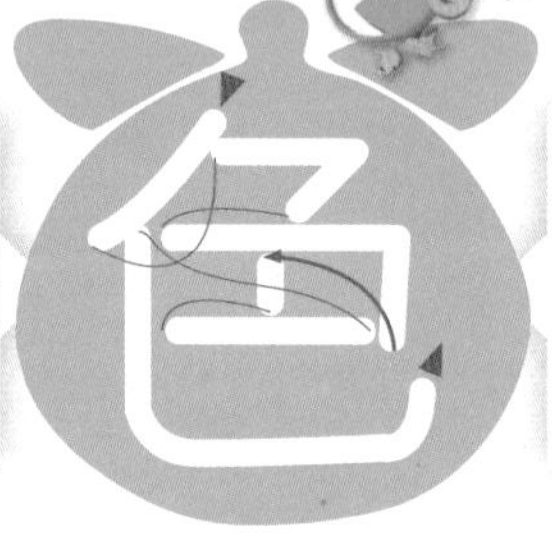

빛 색

青 青 青

푸를 청

黃 黃 黃

누를 황

黑 黑 黑

검을 흑

여덟째 주
마음

마음에 대한 능글능글 한자말을

뎅글뎅글 읽어내자.

하트 다이어트

1

한자말 인식하기

마음을 가리키는 한자말은 쓰임새가 많아. 들어가기 전에 몇 개만 훑어보자. 어떤 마음을 가리키는 한자말들인지 빈칸에 써 보심!

뜻을 같이 해 주는 마음

높이고 받드는 마음

참아내고 견디는 마음

알아주고 헤아리는 마음

맞서고 대드는 마음

동정하는 마음

존경하는 마음

인내하는 마음

이해하는 마음

반항하는 마음

		심

존	경	

인	내	심

이	해	

2 한자말 인식하기

마음자리

능글능글이 바꿔 놓은 한자말들이야. 조금만 생각하면 금방 알아낼 수 있어. 어떤 말인지 제대로 써 주심!

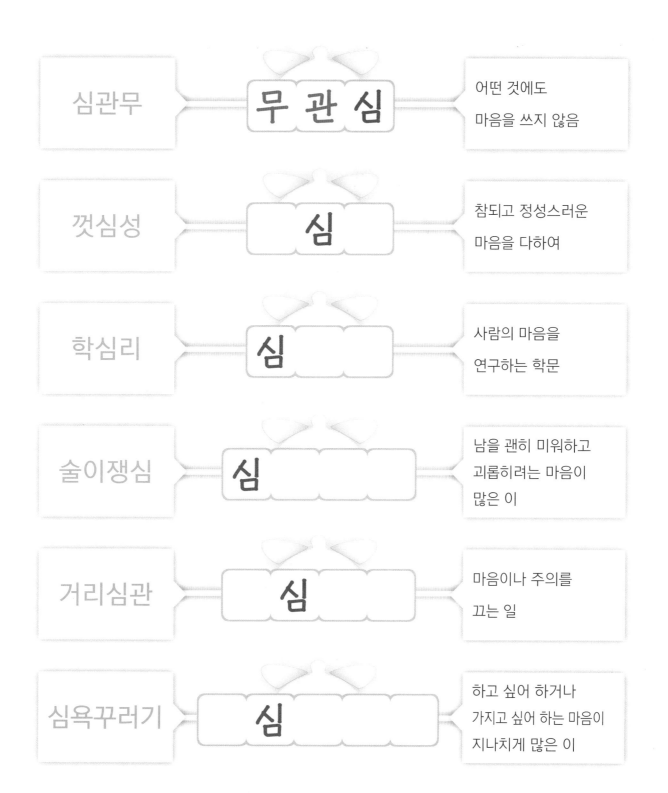

심관무	무 관 심	어떤 것에도 마음을 쓰지 않음
껏심성	□ 심 □	참되고 정성스러운 마음을 다하여
학심리	심 □ □	사람의 마음을 연구하는 학문
술이쟁심	심 □ □ □	남을 괜히 미워하고 괴롭히려는 마음이 많은 이
거리심관	□ 심 □ □	마음이나 주의를 끄는 일
심욕꾸러기	□ 심 □ □ □	하고 싶어 하거나 가지고 싶어 하는 마음이 지나치게 많은 이

능글능글 한자 파일

능글능글의 파일이야. 파일 제목으로 삼은 한자의 뜻과 소리를 써 보심! 파일에 가장 많이 쓰인 소리와 뜻이지 뭐겠어.

心

心자가 있는 좀 어려운 말

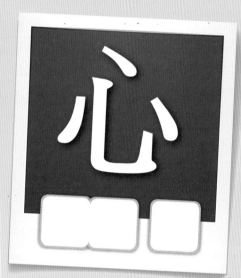

심금
이 얘기는 심금을 울리는 내용이다.

심복
이성계는 자기의 심복 장수를 모았다.

심혈
심혈을 기울여 만든 작품.

노파심
노파심에서 하는 말이라 생각해.

애들이 쓸 만한 心으로 시작하는 말

심란 마음이 어지럽고 뒤숭숭함
심려 어른이 마음속으로 매우 걱정하는 것
심리 마음의 움직임이나 상태
심보 주로 좋지 못한 마음씨
심상 마음속에 떠오르는 사물의 모습
심성 본디 타고난 마음씨
심술 남을 괜히 미워하고 괴롭히려는 마음씨
심신 마음과 몸
심장 피를 밀어내 돌게 하는 신체 기관
심정 마음속의 생각과 감정

心자가 있는 재미있는 말

방心은 금물
의心이 병
민心은 천心
놀부心보
개 조心

꼭 써먹어야 할 心자 낱말

샤프심
새알심
일편단심
이심전심

심바꼭질

댁들이 心을 안다고? '인심'이나'심성'처럼 心과 어울려 두 글자 낱말이 되는 글자를 숨겨 놓았소. 心과 어울리는 글자 8개를 찾아 ◯표 해 보시오.

심심자골

헉! 이렇게 많이 알다니! 100개의 글자 장풍이요. 32개의 '心'이 있소. 숨겨 놓은 22개의 '心'을 찾아 색칠해 보시옷!

小	凡	瓜	必	小	仁	少	火	小	凡
小	少	火	心	心	必	少	火	心	少
瓜	凡	心	必	凡	心	必	瓜	心	瓜
必	小	心	瓜	小	心	少	必	心	凡
小	心	心	凡	少	心	心	火	心	少
瓜	瓜	必	瓜	火	仁	少	小	火	必
少	心	心	心	心	心	心	心	心	火
必	心	火	必	仁	凡	少	必	心	瓜
必	心	心	心	心	心	心	心	心	少
凡	火	必	少	小	火	必	瓜	凡	必

다 찾으면 어떤 글자가 되는데?

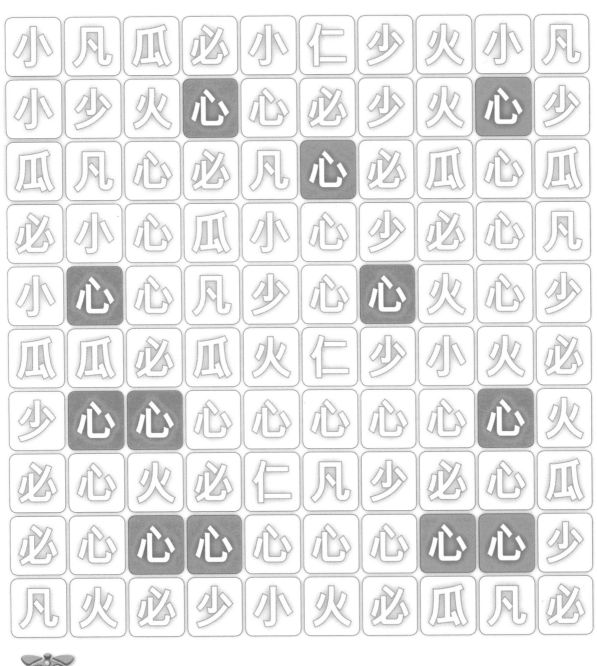

6 한자말 용법 알기

마음 다잡기

헐, 마음의 눈이 좋구만. 내가 보던 책이요. '심' 자가 들어간 낱말 가운데, 마음 '心'이 들어간 낱말만 잡아내 ◯표 해 보시오.

숨어있는 마음 心 3개를 찾아 봐.

"저는요, 그저 **심**부름을 갔을 뿐이라고요. 다른 것에는 관**심**도 없었어요. 그렇게 의**심**이 가득한 눈으로 보지 마세요."

"정말 양**심**에 어긋나는 일은 안 했다는거지?'"

"제 일에 열**심**인게 무슨 잘못이에요?"

마인드맵

뎅글뎅글의 친구라더니 무섭군. 心은 본디 염통, 즉 심장이라오. 거기서 마음, 가운데, 고갱이라는 뜻도 생겨났지. 마인드맵을 보고, 알맞은 뜻을 써 보실라우?

心

염통은 심장의 우리말!

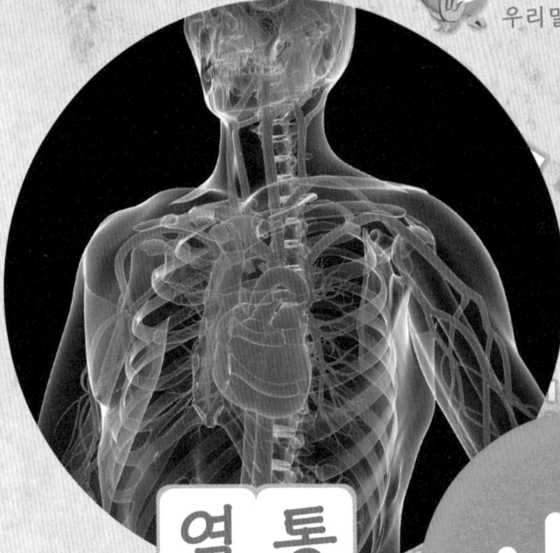

염 통

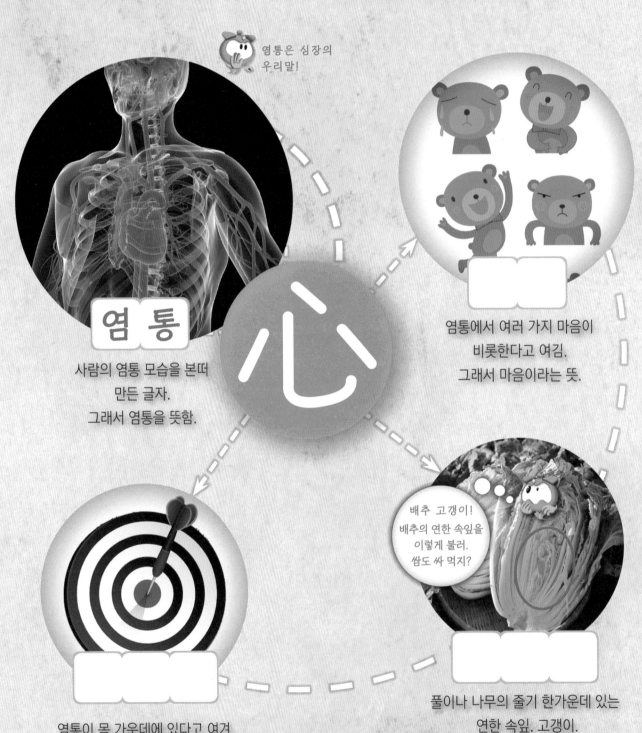

사람의 염통 모습을 본떠 만든 글자. 그래서 염통을 뜻함.

염통에서 여러 가지 마음이 비롯한다고 여김. 그래서 마음이라는 뜻.

배추 고갱이!
배추의 연한 속잎을
이렇게 불러.
쌈도 싸 먹지?

풀이나 나무의 줄기 한가운데 있는 연한 속잎. 고갱이.

염통이 몸 가운데에 있다고 여겨, 가운데라는 뜻.

8

한자말 용법 알기

이심저심 사다리

눈치로 푼 것이지요? 이번엔 '심'이 어떤 뜻의 心인지 사다리를 타고 내려가 보시오. 절대 못 풀걸!

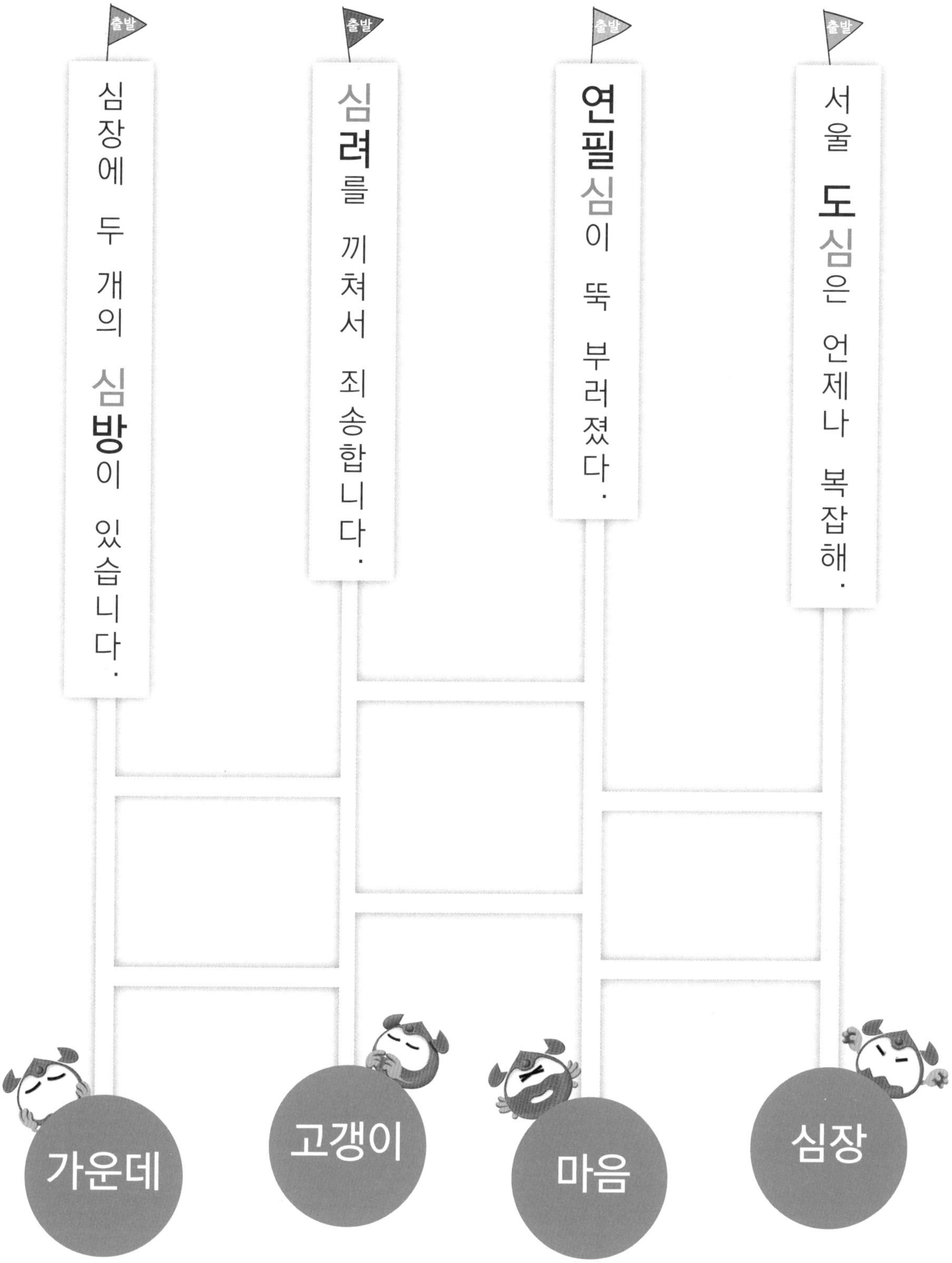

출발
심장에 두 개의 심방이 있습니다.
출발
심려를 끼쳐서 죄송합니다.
출발
연필심이 뚝 부러졌다.
출발
서울 도심은 언제나 복잡해.
가운데
고갱이
마음
심장

심하고 심해

심하게 잘하는군! 내가 내보인 낱말 속 '심'자와 같은 뜻의 '심'이 쓰인 낱말을 골라 ○표 해 보심!

도심	참을성 인내심	당당해 자부심	한가운데 (중심)
관심	중심 핵심	중심가 도심	마음 놓아 안심
심폐	쿵쾅쿵쾅 심장	물음표 의심	마음 좋아 인심
철심	다 걱정 노파심	바꿔 넣어 볼펜심	간이 작아 소심
심기	마음에 품은 심정	딸깍딸깍 샤프심	뾰족한 연필심

心마니

이런~, 비장의 무기요! 통화하는 말 속에 '심'이 여러 번 나오고 있소. '心'이 쓰인 낱말에 ◯표 하시오. 심마니가 산삼 찾듯 말이요.

心이 쓰인 말 4개를 찾아!

이번에 내놓은 영화가 반응이 심드렁 하다면서? 많이 힘들겠구나, 심신이 많이 지쳤을 거야. 앞으로 어떻게 할 생각이니? 걱정이 되는구나.

뭐 그렇게 심각하진 않습니다. 죄송합니다. 선생님께 괜한 심려를 끼쳐 드린것 같군요.

아니다. 어쩌면 내가 노파심에 이러는 것인지도 모르지. 자부심을 가지고 중심을 잃지 않으면 된다.

심통 풀이

11

한자말 적용하기

으으윽, 심통 풀이욧! '심'이 쓰인 한자말을 심통 맞게 풀어놓았소. 무슨 한자말인지 알아내 써 보시오.

욕심이 지나치게 많은 이

욕마음꾸러기 → 욕 심 꾸 러 기

심술궂고 욕심 많은 마음씨

놀부 마음보 → □□ □□

깊이 잘 생각함

마음사숙고 → □□□□

원의 중심으로 나아가려는 힘

구가운데력 → □□□

새롭거나 궁금한 일에 쏠리는 마음

호기마음 → □□□

12 한자말 적용하기

긴 뜻 짧은 말

어흐흑, 불길한 예감이…. 윗줄에 표시된 말을 한자말 하나로 바꿔 써 보시오. 아래쪽 글에 숨겨 놓은 낱말을 찾을 수 있다면 말이오.

지진이 지나갔다지만 **마음을 놓기**는 아직 일러.

그래, 여진이라는 것이 있어서 방심은 금물이야.

답이 여깄네!

방 심

궁예는 포악한 성격으로 **사람들 마음**을 잃고 말아.

인심을 잃으면 왕도 나라도 무슨 소용이 있겠어.

오래 달리기는 **심장과 폐** 기능을 향상시키는 데 좋다.

심폐 지구력을 기르는 데 그만한 운동이 없다더라.

가장 중요한 부분이 무엇인지 다시 생각해 보아야 해.

우리가 문제의 핵심을 짚어내지 못하고 있었던 것 같다.

팥쥐 엄마는 어쩐지 **마음속 생각**이 뒤틀리는 것을 느꼈다.

그 고약한 심사 때문에 벌을 받게 되는 거지.

빗댄 마음

13

한자말 적용하기

윽, 마음 상하는구만! '심'이 들어간 한자말 가운데 빗대는 말이 있소. 네 고개 수수께끼로 낼 테니 알맞은 한자말을 써 보시오.

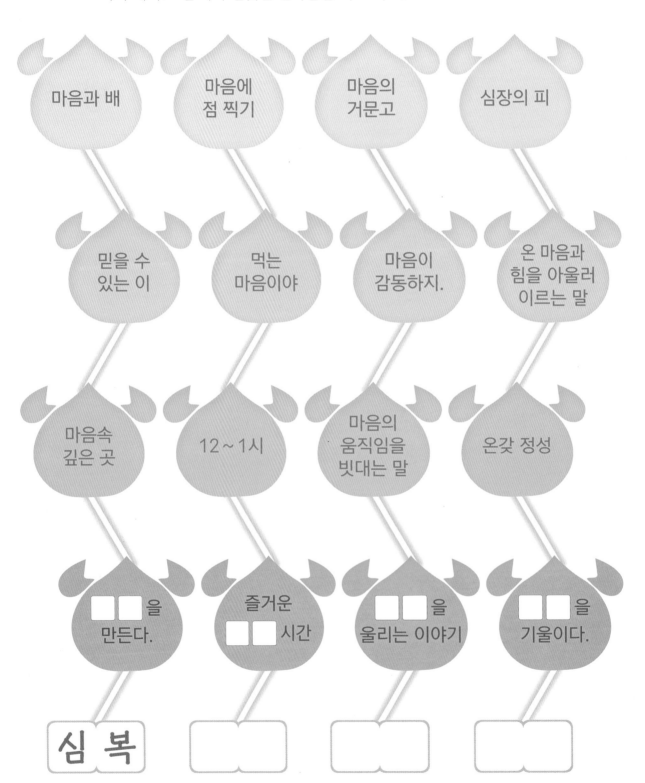

마음과 배	마음에 점 찍기	마음의 거문고	심장의 피
믿을 수 있는 이	먹는 마음이야	마음이 감동하지.	온 마음과 힘을 아울러 이르는 말
마음속 깊은 곳	12~1시	마음의 움직임을 빗대는 말	온갖 정성
□□을 만든다.	즐거운 □□ 시간	□□을 울리는 이야기	□□을 기울이다.
심 복			

능글능글 한자말 풀이

분하고 분하오! 내가 어떤 한자말을 생각하고 있는지 알아맞혀 보시오. 해내면 참말로 포기하리닷!

노 파 心

할아버지에게도 많은데 이름은 할머니 마음

心

양초의 불타오르는 마음

心

다 쓴 볼펜을 바꿔야 할 때 드는 마음

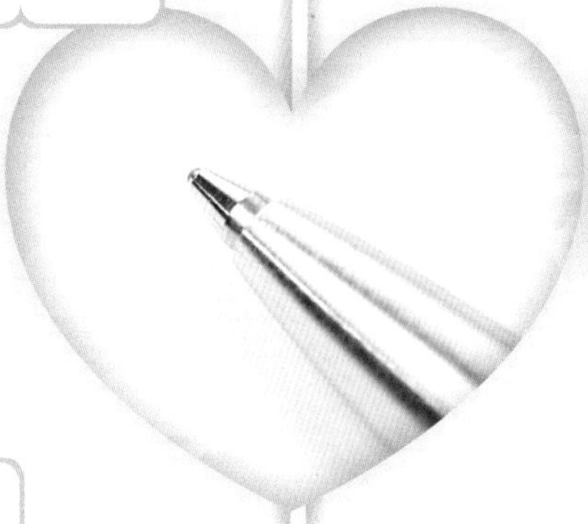

心

사나운 개를 만났을 때 드는 마음

心

헌혈할 때 기울일 수밖에 없는 마음

心

무서울 때 드는 마음

획획주문

15

한자말 지식 익히기

앞에서 읽어 낸 '마음 心'은 능글능글이 더 이상 건드리지 않을 거야.

뜻과 소리를 외면서 한자를 획획 쓰면 확실히 그렇게 되지.

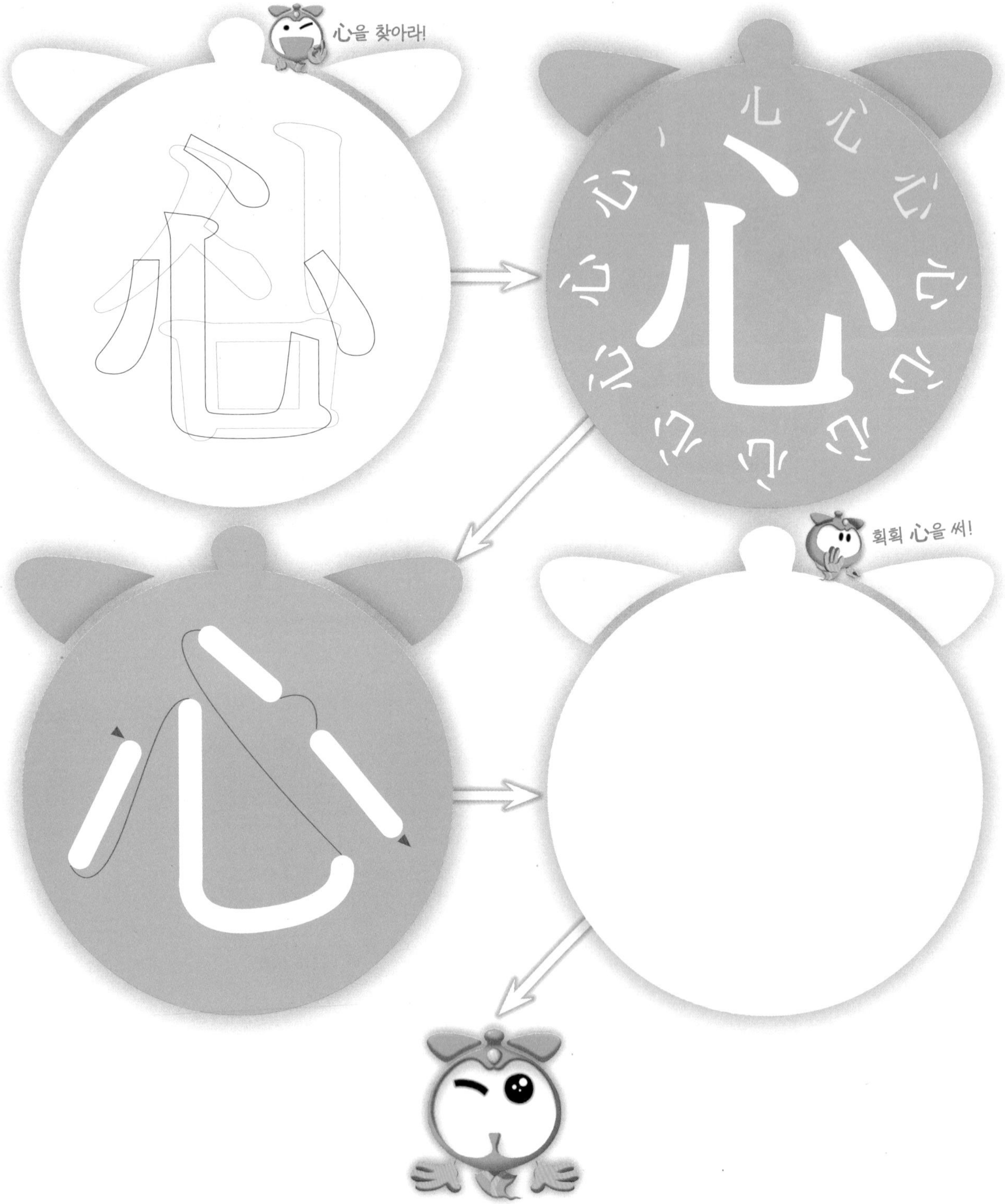

자르는 선

정답 및 풀이

한자 다섯 | 한자 돋보기 | 낱말 및 한자 풀이

첫째 주 사람

사람에 대한 한자 다섯

人 — 사람 **인**
名 — 이름 **명**
者 — 이(놈) **자**
自 — 스스로 **자**
他 — 다를 **타**

12쪽
자, 스스로
자, 이
타, 다른
명, 이름

한자 돋보기 | 者-이(놈) 자

- **者**는 놈 자, 사람 자입니다. '놈'이라는 말은 예전에는 사람, 물건을 아울러 이르는 말이었습니다. 지금은 사람을 낮잡아 이르는 말로 쓰이지요. 그래서 이 책에서는 ~하는 사람, ~하는 이라는 뜻에서 '이(놈) 자'로 풀이합니다.

13쪽
명
자 자 타

14쪽
자
자
타
명

15쪽
자
명
타
자

16쪽
학자
인생
자립 타국

17쪽

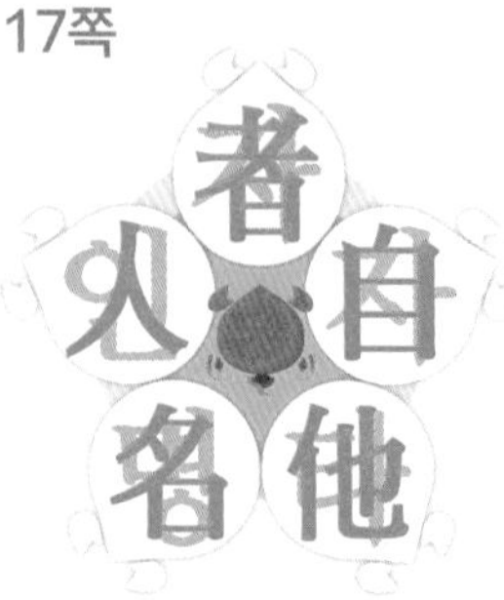

18쪽
과자
숫자
기타
설명

낱말 및 한자 풀이

- **인기(人氣)** : 무엇에 대해 쏠리는 많은 사람들의 마음.
- **인생(人生)** : 사람이 세상을 살아가는 일.
- **인쇄(印刷)** : 잉크를 써서 글이나 그림 따위를 종이, 천 따위에 찍어 냄. 印은 도장 인입니다.
- **자신(自信)** : 어떤 일을 해낼 수 있다거나 어떤 일이 꼭 그렇게 되리라는 데 대하여 스스로 굳게 믿음.
- **과자(菓子)** : 밀가루나 쌀가루 등에 설탕, 우유 따위를 섞어 굽거나 기름에 튀겨서 만든 음식. 子는 아들 자입니다.
- **자기(自己)** : 그 사람 자신.
- **숫자(數字)** : 수를 나타내는 글자. 字는 글자 자입니다.
- **과학자(科學者)** : 과학을 연구하는 이.
- **지도자(指導者)** : 남들을 이끄는 이.
- **기타(guitar)** : 현악기의 하나.
- **자타(自他)** : 자기와 남을 아울러 이름.
- **타향(他鄕)** : 자기 고향이 아닌 고장.
- **설명(說明)** : 어떤 사실에 대해 남이 잘 이해할 수 있도록 말하는 것, 또는 그런 말. 明은 밝은 명입니다.
- **명색(名色)** : 실속 없이 그럴듯하게 불리는 허울만 좋은 이름.
- **별명(別名)** : 사람의 외모나 성격 등 특징에 따라 남들이 지어 부르는 이름.

19쪽
인체
각자
생산자
명의

20쪽
자모음
설명해
타령을
피자

낱말 및 한자 풀이

- **인기(人氣)** → 18쪽 풀이
- **인터넷(internet)** : 컴퓨터를 통해 서로 정보 교환을 할 수 있도록 전 세계적으로 연결된 통신의 조직.
- **인어(人魚)** : 윗몸은 여인, 아랫몸은 물고기라는 상상의 동물.
- **인사말(人事-)** : 인사로 하는 말.

- **자전거(自轉車)** : 사람이 올라타고 발로 발판을 밟는 힘으로 바퀴를 굴려서 나아가게 만든 탈것.
- **자부심(自負心)** : 자기 자신 또는 자기와 관련되어 있는 것에 대하여 스스로 그 가치나 능력을 믿고 당당히 여기는 마음.
- **자동차(自動車)** : 석유나 가스, 혹은 전기를 연료로 하여 엔진의 힘으로 달리게 만든 차.
- **자모음(字母音)**: 한 개의 음절(音節)을 자음(字音)과 모음(母音)으로 갈라서 적을 수 있는 낱낱의 글자 소리.
- **본명(本名)** : 가명이나 별명이 아닌 본디 이름.
- **유명(有名)** : 이름이 널리 알려짐.
- **별명(別名)** → 18쪽 풀이
- **설명(說明)** → 18쪽 풀이
- **타향(他鄕)** → 18쪽 풀이
- **타인(他人)** : 내가 아닌 다른 사람.
- **타지(他地)** : 다른 지방이나 지역.
- **타령** : 길게 늘이며 가락이 강하고 감정적인 한국민요 곡조. 예) 각설이 타령.
- **필자(筆者)** : 글을 쓴 사람.
- **저자(著者)** : 글로 써서 책을 지어 낸 사람.
- **소비자(消費者)** : 생산된 물건을 돈을 주고 사서 쓰는 사람.
- **피자(pizza)** : 밀가루 반죽 위에 토마토·고기·치즈 따위를 얹어 구운 서양 음식.

21쪽
커피 자판기
명작 동화
기타 등등
시청자 퀴즈

| 낱말 및 한자 풀이 |

- **기타 등등(其他 等等)** : 그 밖의 것을 줄임을 나타내는 말.

22쪽
저자
상인
타국
호명

| 낱말 및 한자 풀이 |

- **호명(呼名)** : 공적인 모임에서 사람의 이름을 부르는 것.

23쪽
讀者
詩人
自己
實名

| 낱말 및 한자 풀이 |

- **타자(打者)** : (야구에서) 방망이를 들고 공을 치는 선수. 打는 때릴 타입니다.
- **타자(他者)** : 자기 외의 사람. 또는 다른 것.
- **독자(讀者)** : 책, 신문, 잡지 따위의 글을 읽는 사람.
- **독자(獨子)** : 외아들.
- **시인(是認)** : 어떤 내용이나 사실이 옳거나 그러하다고 인정함. 認은 알 인입니다.
- **자기(磁氣)** : 쇠붙이를 끌어당기거나 남북을 가리키는 등 자석이 갖는 작용이나 성질. 磁는 자석 자입니다.
- **실명(實名)** : 실제의 이름. 진짜 이름.
- **실명(失明)** : 시력을 잃어 앞을 못 보게 됨. 明은 밝을 명입니다.

24쪽
인물　자동차
별명　타국
병자　명함　각자

25쪽
者(이 자)
人(사람 인)
他(다를 타)
名(이름 명)
自(스스로 자)

26쪽
人　他　自　名　者

둘째 주 가족

가족에 대한 한자 다섯

父 — 아버지 **부**
母 — 어머니 **모**
子 — 아들 **자**
孝 — 효도 **효**
親 — 친할 **친**

28쪽
부모
효자　모자
친절
친척

29쪽
자
효　친
모

| 낱말 및 한자 풀이 |

- **친환경(親環境)** : 자연환경을 오염하지 않고 자연 그대로와 잘 어울리는 일.
- **모국어(母國語)** : 자기 나라의 말.

30쪽
자
효
모
친

31쪽
자
모
효
친

32쪽
부
모
효
친

33쪽

34쪽
콩자반
모레
효과
지친

| 낱말 및 한자 풀이 |

- **학부모(學父母)** : 학생의 아버지나 어머니라는 뜻. 학생의 보호자를 이름.
- **콩자반** : 콩을 볶거나 삶아서 기름, 깨, 물엿 따위와 함께 간장에 넣고 조린 반찬.
- **유모차(乳母車)** : 어린아이를 태워서 밀고 다니는 수레.
- **모레** : 내일의 다음 날.
- **불효자(不孝子)** : 어버이를 효성스럽게 잘 섬기지 아니하는 자식.
- **효과(效果)** : 어떤 일을 하여서 생기는 좋은 결과. 效는 본받을 효입니다.

35쪽
모, 부모
효, 자, 효자
친, 친
모, 모

36쪽
귀공자
모친
효자손
부친

| 낱말 및 한자 풀이 |

- **숙부(叔父)** : 작은 아버지.
- **부부(夫婦)** : 남편과 아내. 夫는 지아비=남편 부, 婦는 지어미=아내 부입니다.
- **순두부(-豆腐)** : 눌러서 굳히지 않은 두부. 腐는 썩을 부입니다.
- **공부(工夫)**: 학문이나 기술을 배우고 익힘.
- **귀공자(貴公子)** : 귀한 집 아들.
- **효험(效驗)** : 일의 좋은 보람.

- **효소(酵素)** : 동식물 및 미생물의 생체 세포 내에서 생산되는 고분자 유기 화합물을 통틀어 이르는 말. 酵는 술밑 효입니다.
- **부친(父親)** : 아버지를 높여 부르는 말.

37쪽
모녀
친척
왕자　　효자손

38쪽
숙부
모성애
장자
친구

39쪽
孝誠
父子
師父
母子

| 낱말 및 한자 풀이 |

- **신부(神父)** : (가톨릭에서) 사제로 임명을 받은 성직자.
- **신부(新婦)** : 곧 결혼할 여자 또는 갓 결혼한 여자.
- **효성(曉星)** : 샛별. 또는 매우 드문 존재를 비유적으로 이르는 말.
- **사부(師父)** : 스승을 높여 이르는 말. 또는 스승과 아버지를 아울러 이르는 말.
- **사부(四部)** : 넷으로 나눈 것. 음악에서는 사부 합창, 혹은 사부 합주를 뜻함.
- **모자(帽子)** : 머리에 쓰는 물건의 하나.

40쪽
장자
독자
효자
모자

| 낱말 및 한자 풀이 |

- **야자(椰子)** : 야자나무의 열매. 대추야자, 기름야자 등 여러 종류가 있다.

코코야자의 열매 코코넛

- **유자(柚子):** : 유자나무의 열매. 향기롭고 신맛이 짙다.

유자 꿀이나 설탕에 재어 차로 마신다.

- **종자(種子)** : 논이나 밭에 뿌리기 위해 받아 둔 채소나 곡식의 씨.
- **유전자(遺傳子)** : (생물체 세포 속에 든) 자손에게 물려줄 유전의 내용을 담고 있는 물질.
- **포자(胞子)** : 꽃과 씨를 맺지 않는 식물의 생식 세포. 곰팡이와 버섯 등은 성장하여 포자를 만든다. 홀씨.

한자 돋보기 | 子의 다양한 쓰임

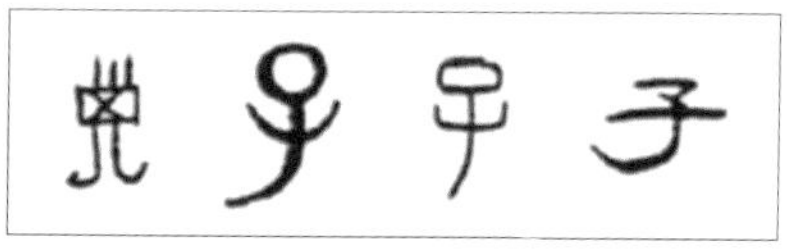

아들 **子**의 옛 글자

- **子**는 본디 갓 태어난 ‘아이’의 모습을 본뜬 글자였습니다. 머리칼이 난 큰 머리와 몸체를 그린 것이었지요. 그러다 머리와 두 팔을 벌린 모습으로 변했지만, 역시 머리를 몸체보다 크게 그려 어린 아이의 특징을 나타냈습니다. 이때는 여자아이 남자아이 모두 子로 나타냈지요. 女子 男子라는 말은 이때의 흔적일 것입니다. 그러다 시간이 흘러 부계사회가 확립되면서 子는 가문을 잇는 ‘남자 아이’로 의미가 좁아지게 됩니다.

본디 **子**는 어른이 아닌 ‘아이’ ‘자식’이라는 뜻이었으므로 종자(種子)처럼 동식물의 ‘씨’라는 의미까지 갖게 되었고, 현대에 들어서는 아주 작은 것을 나타내는 접미사로도 쓰입니다. 분자, 원자처럼요.

또한 **子**는 명사성 어소 뒤에 접미사로 쓰여, 명사를 만들기도 합니다. 의자(椅子), 탁자(卓子), 야자(椰子) 등에서 볼 수 있습니다. 우리말에서 쓰다-쓰개, 높다-높이의 -개, -이 같은 역할을 하는 거지요.

41쪽
액자
과자
모자

42쪽
父　子　母　孝　親

셋째 주 남녀노소

남녀노소에 대한 한자 다섯

- **男** — 사내 **남**
- **女** — 여자 **녀**
- **老** — 늙을 **로**
- **長** — 우두머리 **장**
- **童** — 아이 **동**

44쪽
사내
여자
늙다
아이

45쪽
동
장
여
남

46쪽
장
녀(여)
동
노(로)

한자 돋보기 | 녀와 여, 로와 노

- **女**의 음은 ‘녀’입니다. 해녀, 선녀처럼요. 그런데 첫머리에 올 때는 ‘여’로 읽습니다. 여성, 여학교 등이 예가 되지요.

老 역시 음은 ‘로’이지만, ‘노인’처럼 처음에 올 때는 ‘노’로 읽지요.

47쪽
노(로)
아이
여자
남

48쪽
로(노)
남
녀(여)
동

49쪽
우두머리 장: 長 衣 哀 表
늙을 로: 孝 老 考 者
사내 남: 車 里 男 魚
여자 녀: 父 交 文 女
아이 동: 重 童 親 音

50쪽
동안
효성으로
여름
남방

| 낱말 및 한자 풀이 |

- **시장(市長)** : 지방 자치 단체인 시의 책임자, 우두머리.
- **장하다(壯--)** : 기상이나 인품이 훌륭하다. 壯은 씩씩할 장입니다.
- **회장(會長)** : 학급의 대표자.
- **동화(童話)** : 어린이를 위하여 지은 이야기. 또는 그런 문예 작품.
- **동심(童心)** : 어린아이의 마음
- **노인정(老人亭)** : 노인들이 모여 쉴 수 있도록 마련한 정자나 집, 방 따위.
- **경로잔치(敬老--)** : 노인을 공경하고 위로하기 위하여 베푸는 잔치.
- **남성복(男性服)** : 남성들이 입는 옷.
- **남방(南方)** : 여름에 양복저고리 대신으로 입는 얇은 옷. '남방(南方) 셔츠(shirts)'가 줄어서 된 말이다. 남방(南方)은 남쪽 방향이라는 말로, 동남아 지역을 가리키며 그 곳은 날씨가 덥기 때문에 옷 모양을 소매가 짧고 통풍이 잘 되도록 헐렁하게 만들어 입는다.

51쪽
악동(惡童)
선녀(仙女)
미남(美男)
노총각(老總角)

| 낱말 및 한자 풀이 |

- **당장(當場)** : 눈앞에 닥친 현재의 이 시간. 場은 마당 장입니다.
- **동(棟)** : 집채를 세거나 차례를 나타내는 단위. 棟은 마룻대 동입니다.
- **소동(騷動)** : 사람들이 놀라거나 흥분하여 시끄럽게 법석거리고 떠들어 대는 일. 動은 움직일 동입니다.
- **추녀** : 처마의 모서리.

추녀

52쪽
好男
童話
女神
市長

| 낱말 및 한자 풀이 |

- **가장(假裝)** : 얼굴이나 옷차림을 남이 알아보지 못하게 꾸미는 것. 裝은 꾸밀 장입니다.
- **호남(湖南)** : 전라북도와 전라남도를 한꺼번에 이르는 말. 호남은 호(湖)의 남쪽이란 뜻으로 금강 이남 지역을 가리킨다. 금강의 옛 이름이 호강(湖江). 南은 남녘 남입니다.
- **동화(同化)** : 무엇이 다른 것을 닮게 되어 성질이 같아지는 것. 同은 같을 동입니다. 예) 주인공의 슬픔에 동화되다.
- **여신(與信)** : 금융 기관에서 고객에게 돈을 빌려주는 일. 與는 줄 여입니다.

53쪽
노년
동심
미남
소녀

| 낱말 및 한자 풀이 |

- **노년(老年)** : 늙은 나이. 늙은 때. 예) 노년에 접어든 할아버지.
- **숙녀(淑女)** : 교양과 예의를 갖춘 여자. 또는 '여자 어른'을 존중하여 이르는 말. 예) 우리 현이가 벌써 어엿한 숙녀가 되었구나.

54쪽

| 낱말 및 한자 풀이 |

- **장관(長官)** : 행정 각 부의 우두머리.
- **장관(壯觀)** : 훌륭하여 볼 만한 경치.
- **시장(市長)** → 50쪽 풀이
- **시장하다** : 배가 고프다. 예) 마침 시장하던 참이었는데 잘 먹겠습니다.
- **동화(同化)** → 52쪽 풀이
- **동화(童話)** → 50쪽 풀이
- **동시(童詩)** : 어린이의 정서를 읊은 시.
- **동시(同時)** : 같은 때나 시기.
- **동안(童顔)** : 어른의 얼굴이지만 어린 아이와 같이 어려 보이는 얼굴.

55쪽

56쪽

장발
장기
십장생

| 낱말 및 한자 풀이 |

- **소장(所長)** : 연구소, 파출소 따위와 같이 '소' 자가 붙은 기관의 우두머리.
- **십장생(十長生)** : 오래도록 살고 죽지 않는다는 열 가지. 해, 산, 물, 돌, 구름, 소나무, 불로초, 거북, 학, 사슴.

십장생 병풍(서울역사박물관)

57쪽

장사진
옥동자
여장부

| 낱말 및 한자 풀이 |

- **노파심(老婆心)** : 어떤 일에 대해 지나치게 걱정하는 마음. 노인이 되면 잔걱정이 많아진다는 생각에서 할머니 마음이라는 말이 잔걱정을 많이 한다는 뜻으로 쓰인다.
- **장사진(長蛇陣)** : 많은 사람들이 길게 늘어선 줄. 장사는 크고 긴 뱀이라는 뜻.
- **옥동자(玉童子)** : 잘 생긴 사내아이.
- **여장부(女丈夫)** : 남자처럼 씩씩하고 활달한 여자. 장부는 튼튼하고 씩씩한 남자라는 뜻.

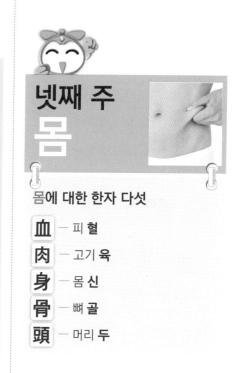

58쪽

男　女　老　長　童

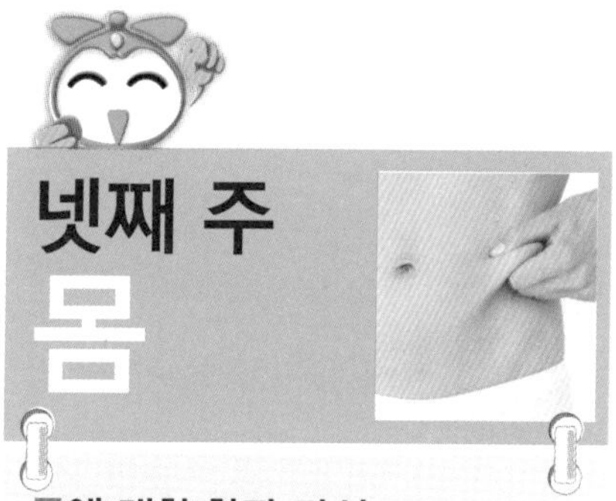

몸에 대한 한자 다섯

- **血** — 피 **혈**
- **肉** — 고기 **육**
- **身** — 몸 **신**
- **骨** — 뼈 **골**
- **頭** — 머리 **두**

60쪽

뼈, 골
고기, 육
피, 혈
머리, 두

61쪽

골격
정육점
흡혈귀
두뇌

| 낱말 및 한자 풀이 |

- **골격(骨格)** : 동물의 몸을 떠받치는 뼈대.

62쪽
골
육
혈
두

| 낱말 및 한자 풀이 |

- **두건(頭巾)** : 헝겊 따위로 만들어서 머리에 쓰는 물건을 통틀어 이르는 말. 건(巾).

두건을 쓴 안향 (국립중앙박물관)

- **두상(頭相)** : 머리 모양이나 생김새.

63쪽
고기
혈
뼈
두

64쪽
골
육
혈
두

65쪽

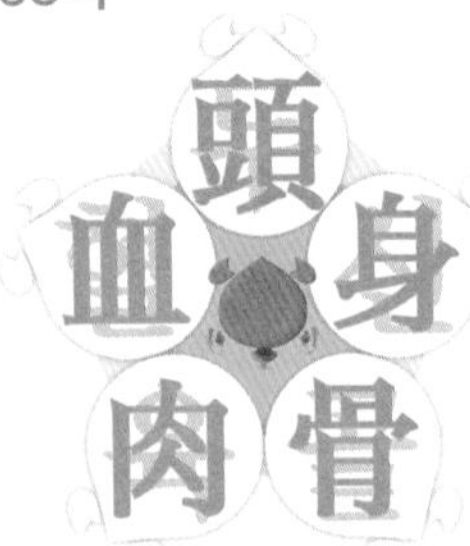

66쪽
두부
막힌 혈
신발이
산골에

| 낱말 및 한자 풀이 |

- **육수(肉水)** : 고기를 삶아 낸 물.
- **정육점(精肉店)** : 쇠고기, 돼지고기 따위를 파는 가게.
- **두상(頭相)** : 머리 모양이나 생김새.
- **두부(豆腐)** : 물에 불린 콩을 갈아 짠 콩 물을 끓여, 간수를 넣어 굳게 만든 음식. 豆는 콩 두입니다.
- **두피(頭皮)** : 머리뼈를 덮는 부분.
- **혈액(血液)** : (의학에서) 피.
- **빈혈(貧血):** : 혈액 속의 적혈구 또는 헤모글로빈이 정상값 이하로 감소한 상태. 어지럼증 등의 증세가 난다.
- **혈(穴)** : 한의학에서 침이나 뜸을 놓기에 좋은 자리. 경혈(經穴). 穴은 구멍 혈입니다.
- **분신(分身)** : 하나의 몸이 두 개 이상으로 갈라지는 것. 또는 갈라져서 생긴 몸.
- **신발** : 발에 신는 물건.
- **신체검사(身體檢査)** : 건강 상태를 알기 위하여 신체의 각 부분을 검사하는 일.
- **해골(骸骨)** : 죽은 사람의 살이 썩고 남은 앙상한 뼈. 또는 살이 전부 썩은 죽은 사람의 머리뼈.
- **접골원(接骨院)** : 어긋나거나 부러진 뼈를 이어 맞추는 일을 전문으로 하는 곳.
- **산골(山-)** : 외지고 으슥한 깊은 산속. 산골짜기.

67쪽
산골
교육
구두

| 낱말 및 한자 풀이 |

- **망신(亡身)** : 말이나 행동을 잘못하여 자기의 지위, 명예, 체면 따위를 손상함.
- **제정신(-精神)** : 자기 본래의 바른 정신.
- **피신(避身)** : 위험을 피하여 몸을 숨김.
- **산골(山-)** → 66쪽 풀이
- **해골(骸骨)** → 66쪽 풀이
- **두개골(頭蓋骨)** : 척추동물의 머리를 이루는 뼈를 통틀어 이르는 말. 머리뼈.
- **제육(-肉)** : 돼지고기. 제육은 한자어 '豬肉(저육)'이 변화한 말이다. 17세기 후반 간행된 『박통사언해』에는 豬肉이 '뎨육'으로 표기되어 있다. 뎨육>졔육(구개음화)>제육(단모음화)를 거쳐 '제육'의 형태를 유지하고 있다.
- **탕수육(糖水肉)** : 중국요리의 하나. 쇠고기나 돼지고기에 녹말을 묻혀 튀긴 것에 식초, 간장, 설탕, 야채 따위를 넣고 끓인 녹말 물을 붓는다.
- **교육(教育):** 지식과 기술 따위를 가르치며 인격을 길러 줌.
- **선두(先頭)** : 대열이나 행렬, 활동 따위에서 맨 앞.
- **구두** : 주로 가죽을 재료로 하여 만든 서양식 신. 구한말에 일본어 구츠(くつ)에서 유래했다고 한다.
- **두통(頭痛)** : 머리가 아픈 증세.

68쪽
육류
철골 혈색 두상

| 낱말 및 한자 풀이 |

- **혈색(血色)** : 살갗에 보이는 불그스름한 기운.

69쪽
피골
육식
혈세
선두

70쪽
肉聲
輸血
年頭

| 낱말 및 한자 풀이 |

- **육성(育成)** : 길러 자라게 함.
- **육성(肉聲)** : 사람의 입에서 직접 나오는 소리.
- **수혈(輸血)** : 치료를 위하여, 건강한 사람의 혈액을 환자의 혈관에 넣는 것.
- **수혈(水穴)** : 구덩이 안 바위틈의 물구멍.
- **연두(軟豆)** : 연둣빛의 준말. 완두콩의 빛깔과 같이 연한 초록색.
- **연두(年頭)** : 새해의 첫머리.

71쪽

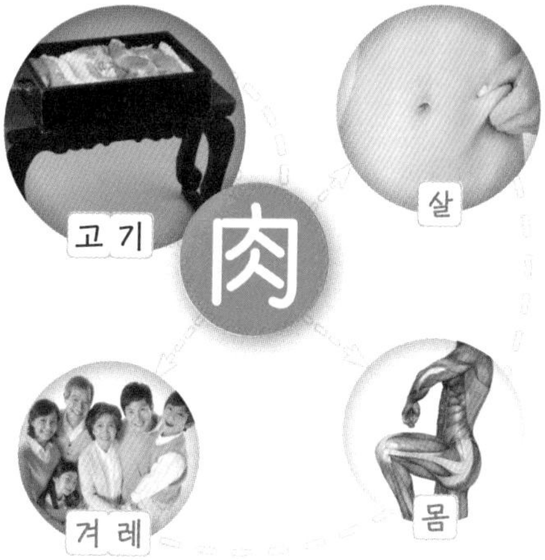

72쪽
근육
육성
육친

| 낱말 및 한자 풀이 |

- **육친(肉親)** : 조부모나 부모, 형제와 같이 혈족 관계에 있는 사람.

73쪽
육개장
제육볶음
정육점

74쪽
血 肉 身 骨 頭

가정에 대한 한자 다섯

- **夫** — 남편 **부**
- **婦** — 아내 **부**
- **婚** — 혼인할 **혼**
- **産** — 낳을 **산**
- **育** — 기를 **육**

76쪽
부
혼
산
육

77쪽
육
산
혼 부

78쪽
부
혼
산
육

| 낱말 및 한자 풀이 |

- **효부(孝婦)** : 시부모를 잘 섬기는 며느리.
- **특산(特産)** : 어떤 지역에서 특별히 남. 또는 그 산물.
- **발육(發育)** : 생물체가 자라남.

79쪽
부, 아내
혼, 혼인
산, 낳다
육, 기르

80쪽

81쪽

82쪽

화산
근육
영혼
부분

| 낱말 및 한자 풀이 |

- **형부(兄夫)** : 언니의 남편.
- **내부(內部)** : 안쪽의 부분. 部는 떼 부입니다.
- **매부(妹夫)** : 손위 누이나 손아래 누이의 남편을 이르거나 부르는 말.
- **생산(生産)** : 인간이 생활하는 데 필요한 각종 물건을 만들어 냄.
- **자연산(自然産)** : 양식한 것이 아니라 자연에서 저절로 생산되는 것.
- **화산(火山)** : 깊은 땅 속에 있는 가스와 용암이 땅 거죽을 뚫고 터져 나오는 것. 또는 그렇게 해서 생긴 산. 山은 뫼 산입니다.
- **근육(筋肉)** : 동물이 힘을 쓰고 운동하는 데에 쓰는 살의 조직.
- **교육(教育)** → 67쪽 풀이
- **발육(發育)** →78쪽 풀이
- **결혼사진(結婚寫眞)** : 결혼할 때 기념으로 찍는 사진.
- **영혼(靈魂)** : 육체에 들어 있어 인간의 활동을 지배하고, 죽은 후에도 따로 존재할 수 있다고 믿어지는 존재. 魂은 넋 혼입니다.
- **청혼(請婚)** : 혼인하기를 청함.
- **부분(部分)** : 전체를 몇 개로 나눈 것의 하나.
- **부인(婦人):** : 결혼한 여자.
- **부부(夫婦)** → 36쪽 풀이

83쪽

육
부
부
산

84쪽

신혼부부
청혼
특산
발육

| 낱말 및 한자 풀이 |

- **전부(全部)** : 어떤 대상을 이루는 낱낱을 모두 합친 것
- **순두부(-豆腐)** : 눌러서 굳히지 아니한 두부.
- **부부(夫婦)** → 36쪽 풀이
- **여장부(女丈夫)** → 57쪽 풀이
- **대장부(大丈夫)** : 건장하고 씩씩한 사내.
- **신혼부부(新婚夫婦)** : 갓 결혼한 부부.
- **황혼(黃昏)** : 해가 지고 어스름해질 때.
- **청혼(請婚)** → 82쪽 풀이
- **영혼(靈魂)** → 82쪽 풀이
- **한라산(漢拏山)** : 제주도 가운데에 있는 산. 산꼭대기에 분화구였던 백록담이 있으며, 국립공원으로 지정되었다.
- **특산(特産)** → 78쪽 풀이
- **제육볶음(-肉--)** → 67쪽 풀이
- **근육(筋肉)** → 82쪽 풀이
- **발육(發育)** → 78쪽 풀이

85쪽

주부
청혼
산통
교육

86쪽

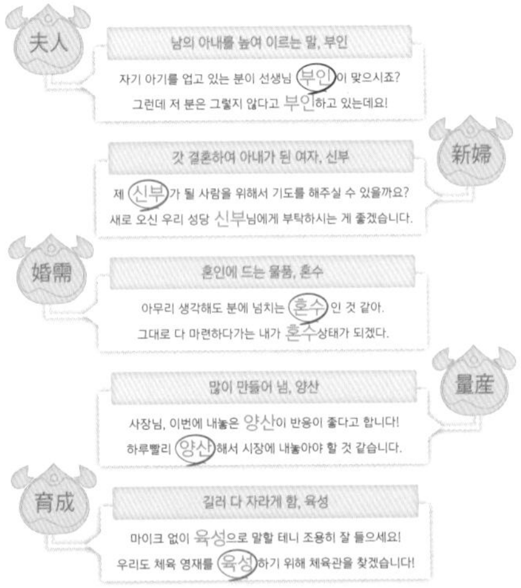

| 낱말 및 한자 풀이 |

- **부인(否認)**: 어떤 내용이나 사실을 옳거나 그러하다고 인정하지 아니함. 예) 범인이 범행 사실을 완강히 부인했다. 否는 아닐 부입니다.
- **신부(神父)** → 39쪽 풀이
- **혼수(昏睡)** : 의식을 잃고 인사불성이 되는 일. 昏은 어두울 혼입니다.
- **양산(陽傘)** : 볕을 가리기 위하여 쓰는 우산 모양의 물건. 傘은 우산 산입니다.
- **육성(肉聲)** → 70쪽 풀이

87쪽
혼사
수산
보육

88쪽
장부
매부
어부
출산
특산
부동산

89쪽
공부

90쪽
夫 育 産 婚 婦

느낌에 대한 한자 다섯

- **感** — 느낄 **감**
- **樂** — 즐길 **락**
- **急** — 급할 **급**
- **快** — 기쁠 **쾌**
- **惡** — 나쁠 **악**

92쪽
즐겁다
급하다
기쁘다
나쁘다

93쪽
긴급뉴스
대박예감
안락의자
유쾌

94쪽
락
급
악
쾌

95쪽
락
급
악
쾌

96쪽
자신감
흉악범
불쾌감
구급차

97쪽

느낄 감	(感)	惑	盛	咸
즐길 락	案	集	(樂)	染
급할 급	窓	(急)	惹	慧
나쁠 악	恩	(惡)	惠	患
기쁠 쾌	抉	怪	性	(快)

98쪽
단감
한 쾌
고급
악어

| 낱말 및 한자 풀이 |

- **안락의자(安樂椅子)**: 팔걸이가 있고 앉는 자리를 푹신하게 하여 편안하게 기대어 앉도록 만든 의자.
- **연락(連絡)** : 어떤 사실을 상대편에게 알림. 絡은 이을 락입니다.
- **오락(娛樂)** : 쉬는 시간에 여러 가지 방법으로 기분을 즐겁게 하는 일.
- **단감** : 단감나무의 열매. 단단하고 맛이 달다.
- **책임감(責任感)** : 맡아서 해야 할 임무나 의무를 중히 여기는 마음.
- **감격(感激)** : 마음에 깊이 느끼어 크게 감동함.
- **경쾌하다(輕快--)** : 움직임이나 모습, 기분 따위가 가볍고 상쾌하다.
- **쾌** : 북어를 묶어 세는 단위. 한 쾌는 북어 스무 마리를 이른다.
- **쾌활하다(快活--)** : 명랑하고 활발하다.
- **급정거(急停車)** : 자동차, 기차 따위가 갑자기 섬. 또는 그러한 것을 갑자기 세움. 급정차.
- **급류(急流)** : 물이 빠른 속도로 흐름. 또는 그 물.
- **고급(高級)** : 물건이나 시설 따위의 품질이 뛰어나고 값이 비쌈. 級은 등급 급입니다.
- **악어(鰐魚)** : 파충강 악어목의 동물을 통틀어 이르는 말. 鰐은 악어 악입니다.
- **악마(惡魔)** : (종교나 민속 신앙에서) 까닭 없이 사람에게 재앙을 내리고 해를 끼치는 악한 귀신.

- **악당(惡黨)** : 나쁜 짓을 일삼는, 사납고 악한 사람이나 무리.

99쪽

쾌락
급증
쾌감

한자 돋보기 | 快와 急

- **快**는 기쁘다는 뜻도 있지만 시원하다, 후련하다는 뜻도 있습니다. 마음에 걸림이 없이 밝고 상쾌한 모양이지요. 상쾌, 통쾌 등의 낱말에서 그 뜻을 짐작할 수 있습니다.
- **急**은 급하다는 뜻도 있지만 갑작스럽다는 뜻도 있습니다. 생각지도 않은 어떤 일이나 현상이 별안간 · 갑작스럽게 일어남을 뜻하지요.

100쪽

낙원　　낙천적
음악회　악보

101쪽

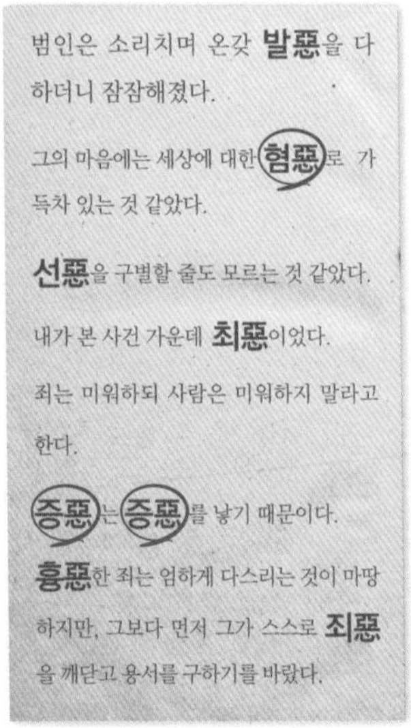
범인은 소리치며 온갖 **발惡**을 다 하더니 잠잠해졌다.

그의 마음에는 세상에 대한 **혐惡**로 가득차 있는 것 같았다.

선惡을 구별할 줄도 모르는 것 같았다.

내가 본 사건 가운데 **최惡**이었다.

죄는 미워하되 사람은 미워하지 말라고 한다.

증惡는 **증惡**를 낳기 때문이다.

흉惡한 죄는 엄하게 다스리는 것이 마땅하지만, 그보다 먼저 그가 스스로 **죄惡**을 깨닫고 용서를 구하기를 바랐다.

혐오, 증오

102쪽

악기
감성
악동

103쪽

交感
感情
惡性

| 낱말 및 한자 풀이 |

- **구급(救急)** : 병이 위급할 때 우선 목숨을 구하기 위한 처치를 함. 예) 구급가방, 구급 조치.
- **구급(九級):** : 아홉 번째 등급.
- **교감(交感)** : 서로 접촉하여 따라 움직이는 느낌.
- **교감(校監)** : 학교장을 도와서 학교의 일을 관리하거나 수행하는 직책. 또는 그런 사람. 監은 볼 감입니다.
- **감정(鑑定)** : 사물의 특성이나 참과 거짓, 좋고 나쁨을 분별하여 판정함. 鑑은 거울 감입니다.
- **감정(感情)** : 어떤 현상이나 일에 대하여 일어나는 마음이나 느끼는 기분.
- **악성(惡性)** : 악한 성질.
- **악성(樂聖)** : 성인(聖人)이라고 이를 정도로 뛰어난 음악가.

104쪽

전화가 감(感)이 멀다.
고생 끝에 낙(樂)이 온다.
급(急)히 서두를 것이 없다.
좀 늦은 감(感)이 있다.

105쪽

惡센트
으아惡
장난感
오르樂내리樂

한자 돋보기 | 김삿갓처럼 놀기

- 우리나라 한시 즉 한국한시에는 우리나라 사람만 이해할 수 있는 해학이 있는 시문이 전합니다. 대표적인 시인이 김삿갓이지요. 그의 시 가운데 한 구절을 볼까요. 天長去無執 花老蝶不來(천장거무집 화로접불래). '하늘은 멀어서 가도 잡을 수 없고/ 꽃은 시들어 나비가 오지 않네.' 아득하고 쓸쓸한 풍경을 읊었습니다.

  그런데 이 구절은 우리말 음으로 읽어야 제맛이 납니다. '천장에 거미(무)집/ 화로에 겻(접)불 내'. 천장에 거미가 집을 짓고 화로에는 숯을 못 담고 겨로 불을 피워 미미한 겻불에 추위를 가리지 못함을 익살스럽게 묘사했지요.
한자의 소리와 뜻을 떼어 읽기는 의외의 유머를 자아냅니다. 어린이들도 이 책에서 한자의 소리로 낱말을 재구성하는 재미를 느끼기를 바랍니다.

106쪽
感　樂　急　惡　快

일곱째 주 빛깔

빛깔에 대한 한자 다섯

- 色 — 빛 **색**
- 白 — 흰 **백**
- 黑 — 검을 **흑**
- 黃 — 누를 **황**
- 靑 — 푸를 **청**

108쪽
검정색
푸른색
노란색
삼원색

109쪽
백　흑　황　청

110쪽
백
흑
청
황

111쪽
청
흑
황
색

112쪽
백
황
청
흑

113쪽

白	日	目	由	흰 백
春	毒	靑	責	푸를 청
果	里	黑	墨	검을 흑
寅	黃	莫	革	누를 황
邑	危	免	色	빛 색

114쪽
화백
청혼
흑흑
황당

| 낱말 및 한자 풀이 |

- **검색(檢索)** : 목적에 따라 필요한 자료들을 찾아내는 일. 索은 찾을 색입니다.
- **채색(彩色)** : 그림 따위에 색을 칠함.
- **색동(色-)** : 여러 색의 옷감을 잇대거나 여러 색으로 염색하여 만든, 아이들의 저고리나 두루마기의 소맷감.
- **화백(畫伯)** : 화가를 높여 이르는 말. 伯은 맏 백입니다.
- **백골(白骨)** : 몸이 썩고 남은 뼈.
- **백지(白紙)** : 아무것도 적지 않은 하얀 종이.
- **청년(靑年)** : 신체적 · 정신적으로 한창 성장하거나 무르익은 시기에 있는 사람.
- **청혼(請婚)** → 82쪽 풀이
- **청춘(靑春)** : 새싹이 파랗게 돋아나는 봄철이라는 뜻으로 젊은 나이 또는 그런 시절을 이르는 말.
- **흑흑** : 설움이 북받쳐 자꾸 숨을 거칠게 쉬며 우는 소리.
- **칠흑(漆黑)** : 옻칠처럼 검고 광택이 있음. 또는 그런 빛깔.
- **흑판(黑板)** : 검정이나 초록색 따위의 칠을 하여 그 위에 분필로 글씨를 쓰거나 그림을 그리게 만든 판. 칠판.
- **황금(黃金)** :누런빛의 금. 금을 다른 금속과 구별하여 이르는 말.
- **황당(荒唐)** : 말이나 행동이 참되지 않고 터무니없다. 荒은 거칠 황입니다.
- **황사(黃砂)** : 누런 모래. 혹은 황사 현상.

115쪽
청바지
흑판
황토
염색

116쪽

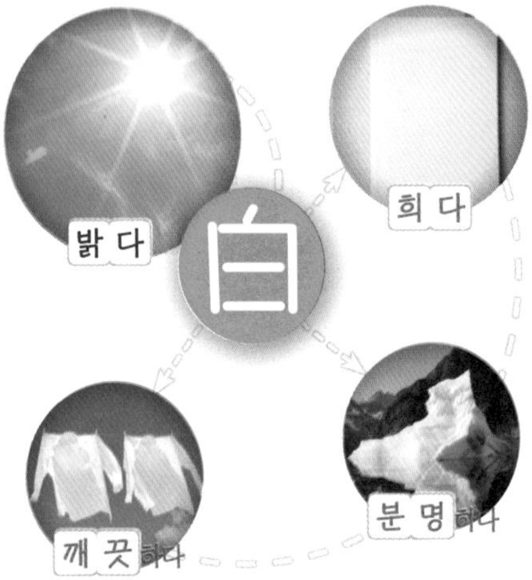

117쪽

백설

명백

백일

118쪽

단청

주황

백설기

| 낱말 및 한자 풀이 |

- **가지각색(--各色)** : 서로 다른 여러 가지.
- **어색하다(語塞--)** : (어떤 경우나 환경에) 잘 어울리지 않다. 불편한 느낌이 있다. 塞은 막힐 색입니다.
- **질색(窒塞)** : 몹시 싫어하거나 꺼림.
- **단청(丹靑)** : 옛날식 집의 벽, 기둥, 천장 따위에 여러 가지 빛깔로 그림이나 무늬를 그림. 또는 그 그림이나 무늬.

처마에 베푼 단청

- **시청(市廳)**: 시의 행정 사무를 맡아보는 기관, 혹은 그 청사. 廳은 관청 청입니다.
- **초청(招請)** : 사람을 청하여 부름. 請은 청할 청입니다.
- **주황(朱黃)** : 빨강과 노랑의 중간 빛깔.
- **상황(狀況)** : 어떤 일이 되어 가는 형편이나 모양. 況은 상황 황입니다.
- **당황(唐慌)** :놀라거나 다급하여 어찌할 바를 모름. 慌은 어리둥절할 황입니다.
- **백일잔치(百日--)** : 아기가 태어난 날로부터 백 번째 되는 날에 베푸는 잔치. 百은 일백 백입니다.
- **백화점(百貨店)**: 한 건물 안에 온갖 상품을 종류에 따라 나누어 벌여 놓고 파는 아주 큰 상점.
- **백설기(白--)** : 멥쌀가루를 시루에 찐, 고명이 없는 흰 시루떡.

백설기

119쪽

백발

암흑

황사

120쪽

구색

특색

명색

생색

121쪽

백일몽 동색 청사진

| 낱말 및 한자 풀이 |

- **청사진(靑寫眞)** : 설계도 등의 원 그림을 그린 용지와 감광지를 동시에 복사기에 넣고, 빛을 쬐어 빼낸 사진. 선이나 문자 등은 흰색으로 나타나고, 바탕은 청색이 된다. 미래의 일이나 사업에 대한 희망적인 계획이나 구상 등을 비유적으로 이르는 말로 쓰인다. ≒미래상.

122쪽

白 色 青 黃 黑

여덟째 주
마음

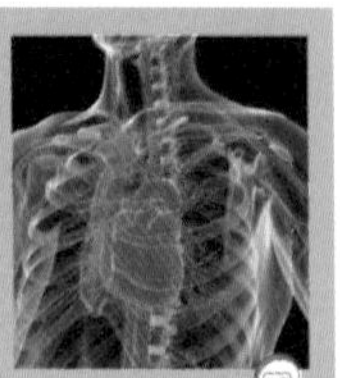

마음에 대한 한자 하나

心 — 마음 **심**

124쪽

동정심

이해심

존경심

반항심

125쪽

성심껏

심리학

심술쟁이

관심거리

욕심꾸러기

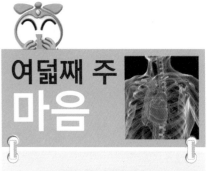

126쪽

마음 심

127쪽

심술, 욕심, 심장, 양심,
심신, 심란, 의심, 심정

128쪽

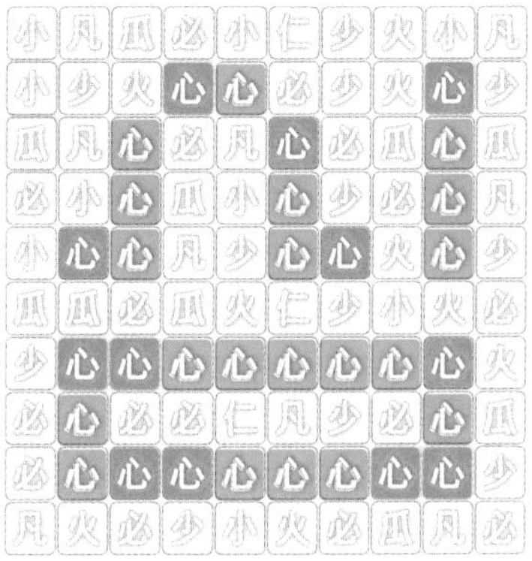

129쪽

관심 의심 양심

| 낱말 및 한자 풀이 |

- **심부름** : 남이 시키는 일을 해 주는 것을 뜻하는 심부름은 순우리말입니다.

130쪽

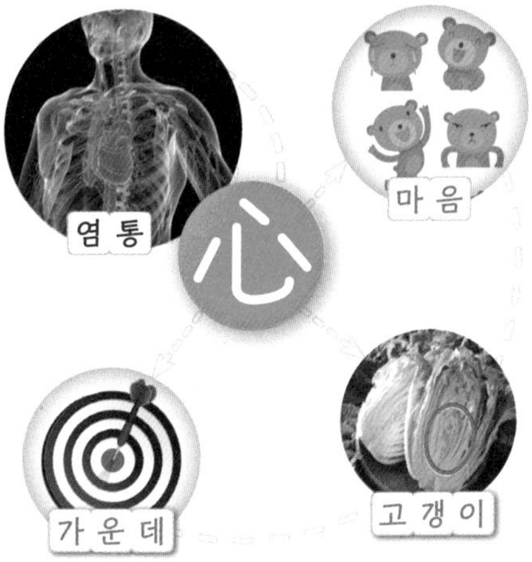

131쪽

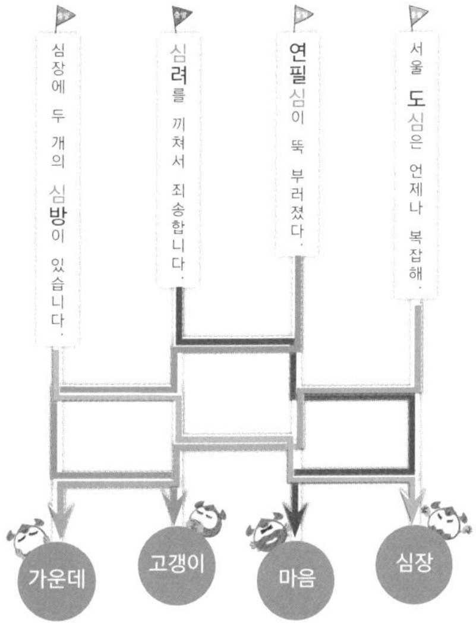

심방-심장 심려-마음
연필심-고갱이 도심-가운데

| 낱말 및 한자 풀이 |

- **심방(心房)** : 심장에 있는 네 개의 방 가운데 위쪽에 있는 좌우의 두 개. 아래쪽에 있는 좌우의 두 개는 심실(心室).

132쪽

안심
심장
볼펜심
심정

| 낱말 및 한자 풀이 |

- **도심(都心)** : 도시의 중심. 관공서 · 회사 · 은행 · 사무소 따위가 모여 있고 정치적 · 경제적 기능의 중심이 되어 가장 번창한 곳.
- **관심(關心)** : 어떤 대상에 쏠리는 감정과 생각. 혹은 감정과 생각을 쏠리게 하는 사실.
- **핵심(核心)** : 사물의 가장 중심이 되는 부분.
- **심폐(心肺)** : 심장과 허파.
- **철심(鐵心)** : 속에 박혀 있는, 쇠로 만든 심지. 예) 이 제품에 사용된 철심은 매우 가늘다.

133쪽

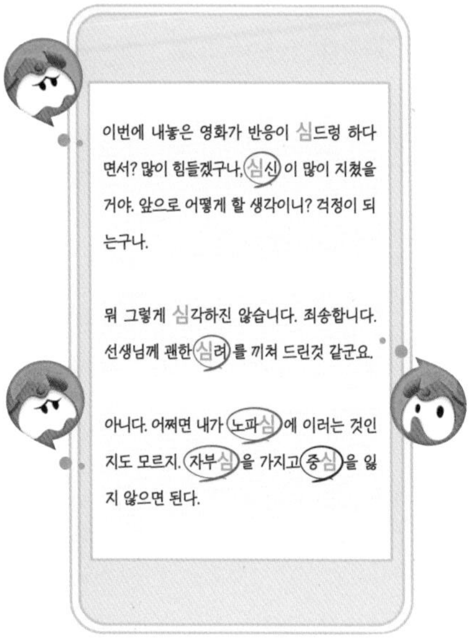

이번에 내놓은 영화가 반응이 심드렁 하다면서? 많이 힘들겠구나. 심신이 많이 지쳤을 거야. 앞으로 어떻게 할 생각이니? 걱정이 되는구나.
뭐 그렇게 심각하진 않습니다. 죄송합니다. 선생님께 괜한 심려를 끼쳐 드린것 같군요.
아니다. 어쩌면 내가 노파심에 이러는 것인지도 모르지. 자부심을 가지고 중심을 잃지 않으면 된다.

심신
심려
노파심, 자부심

| 낱말 및 한자 풀이 |

- **심드렁하다** : 마음에 탐탁하지 아니하여서 관심이 거의 없다.
- **심신(心身)** : 마음과 몸.
- **심각하다(深刻--)** : 깊이 생각해야 할 만큼 매우 중대하다. 深은 깊을 심입니다.
- **심려(心慮)** : 마음속으로 걱정함. 또는 그런 걱정.

134쪽

놀부 심보
심사숙고
구심력
호기심

135쪽

인심
심폐
핵심
심사

| 낱말 및 한자 풀이 |

- **방심(放心)** : 마음을 다잡지 아니하고 풀어 놓아 버림.
- **핵심(核心)** → 132쪽 풀이
- **심사(心思)** : 어떤 일에 대한 여러 가지 마음의 작용. 혹은 마음에 맞지 않아 어깃장을 놓고 싶은 마음.

136쪽

점심
심금
심혈

한자 돋보기

- **점심(點心)**

점심은 불가에서 승려들이 수도를 하다가 시장기가 들 때 '마음에 점을 찍는 것' 처럼 아주 조금 먹는다는 뜻이 담겨 있습니다. 끼니를 뜻하는 우리말은 아침, 저녁 두 가지뿐입니다. 대부분의 사람들이 하루에 두 끼를 먹고 살았다는 것이지요. 해가 길고 농사일을 많이 하는 때에는 세 끼를 먹었지만 보통 때에는 두 끼를 먹었습니다. 전근대 동서양 모두 두 끼를 먹고 살았습니다. 유럽에서는 산업혁명 이후에 1년 내내 장시간 노동을 하게 된 공장 노동자들이 세 끼를 먹게 되었고, 우리나라에서도 점심을 기본 끼니로 먹게 된 것은 근세의 일이라고 합니다.

- **심금(心琴)**

불가에서 나온 말로, '마음의 거문고' 라는 뜻이지요. 부처님 제자 가운데 하나가 고행을 통해 깨달음을 얻고자 했지만 쉽게 깨치지 못해, 마음이 조급해졌습니다. 그러자 부처님께서 말씀하셨습니다. '거문고를 튕길 때, 줄이 지나치게 팽팽하지도 늘어지지도 않아야 고운 소리가 난다. 수행도 너무 강하거나 약하지 않아야 한다.' 고요. 여기서 '심금을 울린다' 는 말이 비롯되었습니다. 마음에 일어나는 감동의 울림을 거문고에 빗댄 말이지요.

137쪽

심지
볼펜심　개 조심
심혈　　공포심

138쪽